# Histoires Courtes en Indonésiens

## Apprendre l'Indonésiens facilement en lisant des histoires courtes

### Nur Hidayat



greenthumbpublishing@gmail.com

# Contenu

# Introduction

Lire dans une langue étrangère est l'un des moyens les plus efficaces d'améliorer ses compétences linguistiques et d'enrichir son vocabulaire. Cependant, il est parfois difficile de trouver des supports de lecture attrayants, d'un niveau approprié, qui procurent un sentiment de réussite et de progrès. La plupart des livres et articles écrits pour des locuteurs natifs peuvent être trop longs et difficiles à comprendre ou contenir un vocabulaire de très haut niveau, de sorte que vous vous sentez dépassé et abandonnez. Si ces problèmes vous sont familiers, alors ce livre est pour vous !

Histoires Courtes en Indonésiens est une collection de 25 histoires courtes non conventionnelles et divertissantes qui sont conçues pour aider les apprenants de niveau débutant à intermédiaire Indonésiens à améliorer leurs compétences linguistiques.

Ces histoires courtes créent un environnement propice à la lecture en incluant ;

- Un contenu linguistique riche dans différents genres pour vous divertir et vous exposer à une variété de formes de mots.
- Des histoires plus courtes en chapitres pour vous donner la satisfaction de terminer des histoires et de progresser rapidement.
- Des textes écrits à votre niveau afin qu'ils soient plus facilement compréhensibles et ne vous dépassent pas.
- Traduction française sur des pages alternées afin que vous puissiez vous y référer directement ligne par ligne tout en lisant l'histoire Indonésiens.
- Le vocabulaire clé est imprimé en gras tout au long

de l'histoire et de la traduction pour vous aider à comprendre plus facilement les mots qui ne vous sont pas familiers.
- Des questions de compréhension pour tester votre compréhension des événements clés et vous encourager à lire plus en détail.

Que vous souhaitiez enrichir votre vocabulaire, améliorer votre compréhension ou simplement lire pour le plaisir, ce livre est le plus grand pas en avant que vous ferez dans vos études cette année. Histoires Courtes en Indonésiens vous apportera tout le soutien dont vous avez besoin, alors asseyez-vous, détendez-vous et laissez libre cours à votre imagination en vous laissant transporter dans un monde magique d'aventures, de mystères et d'intrigues - en Indonésiens!

# Comment utiliser ce livre

La lecture est un talent difficile à maîtriser. Nous utilisons toute une série de micro-compétences pour nous aider à lire dans notre langue maternelle. Par exemple, nous pouvons parcourir un passage pour en comprendre le sens, ou l'essentiel. Nous pouvons aussi passer au peigne fin les nombreuses pages d'un horaire de train à la recherche d'une heure ou d'un lieu précis. Si ces micro-compétences sont une seconde nature lorsque nous lisons dans notre langue maternelle, les recherches révèlent que nous en oublions souvent la plupart lorsque nous lisons dans une langue étrangère. Lorsque nous apprenons une langue étrangère, nous commençons généralement par le début d'un texte et le parcourons en essayant de comprendre chaque mot. Inévitablement, nous rencontrons des termes peu familiers ou complexes et nous sommes gênés par notre incapacité à les comprendre.

L'un des principaux avantages de la lecture dans une langue étrangère est que vous êtes exposé à un grand nombre de phrases et d'expressions utilisées dans des situations quotidiennes. La lecture extensive est un terme utilisé pour décrire la lecture pour le plaisir dans le but d'apprendre une langue.  En d'autres termes, la lecture approfondie de manuels scolaires aide généralement à l'apprentissage des règles de grammaire et d'un vocabulaire particulier, mais la lecture extensive d'histoires aide à l'apprentissage du langage naturel.

Histoires Courtes en Indonésiens vous donnera l'occasion d'en apprendre davantage sur la langue naturelle Indonésiens en usage, même si vous avez peut-être commencé votre voyage d'apprentissage des langues

uniquement avec des manuels. Voici quelques conseils à garder à l'esprit lorsque vous lirez les histoires de ce livre pour en tirer le meilleur parti : Lorsqu'il s'agit de lire, le plaisir et le sentiment d'accomplissement sont essentiels. Vous en redemandez parce que vous aimez ce que vous lisez. Lire chaque histoire du début à la fin est la meilleure méthode pour prendre plaisir à lire des histoires et se sentir accompli. Par conséquent, la chose la plus cruciale est d'arriver à la fin d'une histoire. C'est en fait plus important que de connaître chaque mot.

Plus vous lisez, plus vous acquerrez de connaissances. Vous aurez rapidement une connaissance du fonctionnement de la Indonésiens si vous lisez de gros livres pour le plaisir. Cependant, gardez à l'esprit que pour tirer tous les bénéfices d'une lecture extensive, vous devez d'abord lire un volume suffisamment important. Lire quelques pages ici et là peut vous apprendre quelques nouveaux mots, mais cela ne fera pas une différence significative dans votre niveau global de Indonésiens.

Acceptez le fait que vous ne comprendrez pas tout ce que vous lisez dans un roman. C'est, sans aucun doute, le point le plus crucial ! N'oubliez jamais que le fait de ne pas comprendre tous les mots ou toutes les phrases est tout à fait acceptable. Cela ne signifie pas que vos compétences linguistiques sont insuffisantes ou que vos résultats sont médiocres. Cela indique que vous participez activement au processus d'apprentissage.

# Guide de lecture

Afin de tirer le meilleur parti de la lecture d'Histoires Courtes en Indonésiens, il est préférable que vous suiviez ce processus de lecture simple en six étapes pour chaque chapitre des histoires :

1. Lisez le titre du chapitre. Réfléchissez à ce que pourrait être le sujet de l'histoire. Puis lisez l'histoire jusqu'au bout. Votre objectif est simplement d'atteindre la fin de l'histoire. Par conséquent, ne vous arrêtez pas pour chercher des mots et ne vous inquiétez pas s'il y a des choses que vous ne comprenez pas. Essayez simplement de suivre l'intrigue.

2. Lorsque vous arrivez à la fin de l'histoire, parcourez la traduction française pour voir si vous avez compris ce qui s'est passé et reprenez tout contexte qui vous aurait échappé.

3. Revenez en arrière et relisez la même histoire. Si vous le souhaitez, vous pouvez vous concentrer davantage sur les détails de l'histoire qu'auparavant, mais sinon, lisez-la simplement une fois de plus.

4. Ensuite, répondez aux questions de compréhension en Indonésiens pour vérifier votre compréhension des événements clés de l'histoire. Si vous ne comprenez pas entièrement les questions, ne vous inquiétez pas. Utilisez vos connaissances pour répondre du mieux que vous pouvez.

5. A ce stade, vous devriez avoir une certaine compréhension des principaux événements du chapitre. Si ce n'est pas le cas, vous pouvez relire le chapitre

plusieurs fois en utilisant la traduction pour vérifier les mots et les phrases inconnus jusqu'à ce que vous vous sentiez en confiance.

Une fois que vous êtes prêt et sûr d'avoir compris ce qui s'est passé - que ce soit après une ou plusieurs lectures de l'histoire - passez à l'histoire suivante et continuez à apprécier l'histoire à votre propre rythme, comme vous le feriez pour n'importe quel autre livre.

Ce n'est qu'une fois que vous avez terminé une histoire dans son intégralité que vous pouvez envisager de revenir en arrière et d'étudier le langage de l'histoire plus en profondeur si vous le souhaitez. Au lieu de vous inquiéter de tout comprendre, prenez le temps de vous concentrer sur ce que vous avez compris et de vous féliciter pour tout ce que vous avez fait.

# Histoires Courtes
## en Indonésiens

Nur Hidayat

# Pulau Bali

Matahari terbenam di atas pulau Bali, dan sinar cahaya terakhir menyinari ombak yang menerjang pantai. Suara ombak itu menenangkan, dan membuat saya merasa damai. Saya memejamkan mata dan menarik napas dalam-dalam, **mencium aroma** udara yang asin. Saya merasakan **seseorang** duduk di sebelah saya, dan saya **membuka** mata untuk melihat siapa orang itu. Itu adalah seorang gadis seusiaku dengan rambut hitam panjang dan mata coklat gelap. Dia **tersenyum** padaku, dan aku tidak bisa menahan senyumku kembali. Kami duduk di sana dalam keheningan untuk sementara waktu, hanya menyaksikan matahari terbenam. Akhirnya, dia berbicara. "Namaku Maya," katanya dengan lembut. "Siapa namamu?" Saya menjawab, "Saya Alex." Senang bertemu denganmu. Kami duduk di sana berbicara selama berjam-jam, sampai hari mulai gelap.

 Akhirnya, kami mengucapkan selamat tinggal dan berpisah. Tetapi saya tahu bahwa saya tidak akan pernah melupakan momen itu atau gadis itu. Maya dan saya menjadi teman yang cepat setelah pertemuan pertama itu. Kami menghabiskan waktu setiap hari **bersama**, menjelajahi pulau dan saling mengenal satu sama lain dengan lebih baik. Saya mengetahui

# Île de Bali

Le soleil se couchait sur l'île de Bali, et les derniers rayons de lumière éclairaient les vagues qui s'écrasaient sur le rivage. Le bruit des vagues était apaisant, et je me sentais en paix. J'ai fermé les yeux et j'ai pris une grande inspiration, en **sentant l'**air salé. J'ai senti **quelqu'un** s'asseoir à côté de moi, et j'ai **ouvert** les yeux pour voir qui c'était. C'était une fille d'environ mon âge, avec de longs cheveux noirs et des yeux marron foncé. Elle m'a **souri**, et je n'ai pas pu m'empêcher de lui rendre son sourire. Nous sommes restés assis là en silence pendant un moment, à regarder le coucher de soleil. Finalement, elle a pris la parole. "Je m'appelle Maya", a-t-elle dit doucement. "Et toi, comment tu t'appelles ?" J'ai répondu : "Je m'appelle Alex." Enchanté de te rencontrer. Nous sommes restés assis là à parler pendant des heures, jusqu'à ce qu'il commence à faire noir dehors.

Finalement, on s'est dit au revoir et on a pris des chemins différents. Mais je savais que je n'oublierais jamais ce moment ou cette fille. Maya et moi sommes devenues rapidement amies après cette première rencontre. **Nous** passions tous les jours **ensemble**, explorant l'île et apprenant à mieux nous connaître. J'ai découvert qu'elle venait d'un petit village de montagne

bahwa dia berasal dari sebuah desa kecil di pegunungan, dan dia datang ke pantai untuk mengubah pemandangan. Dia bercerita tentang kehidupannya di kampung halamannya, dan saya berbagi cerita tentang kehidupan saya sendiri dengannya. Kami tertawa bersama, menangis bersama, dan hanya menikmati **kebersamaan** satu sama lain. Suatu hari, Maya bertanya kepada saya apakah saya ingin pergi bertualang bersamanya. Dia mengatakan bahwa ada tempat yang ingin dia tunjukkan kepada saya yang sangat istimewa baginya. Tentu saja saya mengiyakan, dan kami berangkat ke hutan. Setelah berjalan berjam-jam, akhirnya kami tiba di tempat **tujuan** kami: sebuah air terjun tersembunyi jauh di dalam hutan.

Maya telah **datang** ke sini sejak dia masih kecil, dan tempat ini menyimpan banyak kenangan baginya. Kami duduk di tepi air dan berbincang-bincang lagi sambil menyaksikan matahari terbenam di balik pepohonan. Saat malam mulai tiba, Maya **menyarankan** agar kami kembali ke rumah sebelum hari menjadi terlalu gelap. Tetapi saya tidak ingin waktu kami bersama berakhir begitu saja. Saya **menyarankan** agar kami menghabiskan malam di sana, di bawah bintang-bintang. Maya ragu-ragu pada awalnya, tetapi kemudian dia setuju. Jadi kami membuat tempat tidur darurat dari dedaunan dan ranting-ranting pohon, dan kami berbaring berdampingan untuk melihat ke langit.

et qu'elle était venue à la plage pour changer d'air. Elle m'a raconté sa vie chez elle et j'ai partagé mes propres histoires avec elle. Nous avons ri ensemble, pleuré ensemble, et simplement apprécié la **compagnie de l'autre**. Un jour, Maya m'a demandé si je voulais partir à l'aventure avec elle. Elle m'a dit qu'il y avait un endroit qu'elle voulait me montrer et qui était très spécial pour elle. Bien sûr, j'ai dit oui, et nous sommes parties dans la jungle. Après ce qui m'a semblé être des heures de marche, nous sommes finalement arrivés à notre **destination** : une chute d'eau cachée au fond de la jungle.

Maya **venait** ici depuis qu'elle était petite, et cet endroit lui rappelait de nombreux souvenirs. Nous nous sommes assis au bord de l'eau et avons discuté un peu plus en regardant le soleil se coucher derrière les arbres. Comme la nuit commençait à tomber, Maya a **suggéré** que nous rentrions à la maison avant qu'il ne fasse trop sombre. Mais je ne voulais pas que notre temps ensemble se termine tout de suite. J'ai **suggéré** que nous passions la nuit ici, sous les étoiles. Maya a d'abord hésité, puis elle a accepté. Nous avons donc fait un lit de fortune avec des feuilles et des branches, et nous nous sommes allongés côte à côte pour regarder le ciel.

# Pertanyaan Pemahaman

1. Dari mana Maya berasal?

2. Apa yang dilakukan Maya dan Alex bersama-sama?

3. Tempat khusus apa yang dibawa Maya kepada Alex?

4. Bagaimana perasaan Alex dan Maya tentang satu sama lain?

5. Mengapa Maya harus meninggalkan Bali?

6. Apa yang dilakukan Alex dan Maya untuk tetap berhubungan?

7. Bagaimana cerita akan berakhir berbeda jika Alex tidak menyarankan untuk bermalam di air terjun?

8. Menurut Anda, apa yang diwakili oleh kuil itu bagi Maya?

9. Menurut Anda, apa yang ingin disampaikan oleh penulis tentang persahabatan?

# Questions de compréhension

1. D'où venait Maya ?

2. Qu'ont fait Maya et Alex ensemble ?

3. Quel était l'endroit spécial où Maya a emmené Alex ?

4. Que ressentaient Alex et Maya l'un pour l'autre ?

5. Pourquoi Maya a-t-elle dû quitter Bali ?

6. Qu'ont fait Alex et Maya pour rester en contact ?

7. Comment l'histoire aurait-elle pu se terminer différemment si Alex n'avait pas proposé de passer la nuit à la cascade ?

8. A ton avis, que représentait le temple pour Maya ?

9. D'après vous, qu'est-ce que l'auteur essaie de dire sur l'amitié ?

# Candi Borobudur

Matahari terbenam di balik **pegunungan**, memancarkan warna jingga yang indah di langit. Candi Borobudur menjulang di depan saya, batu-batu kunonya diterangi oleh sinar **matahari** terakhir. Saya merasakan kekaguman saat **mendekati** tempat suci ini. Saya telah membaca tentang Borobudur di buku-buku dan melihat foto-fotonya, tetapi tidak ada yang bisa mempersiapkan saya untuk pemandangan di depan saya.

Kuil itu sangat besar, dengan ukiran-ukiran yang rumit di setiap permukaannya. Saya bisa melihat figur-figur Buddha duduk bermeditasi, **dikelilingi** oleh hewan-hewan dan simbol-simbol lainnya. Sungguh **menakjubkan**. Saat saya berjalan mendekati kuil, saya merasakan rasa damai menyelimuti saya. Tempat ini memancarkan ketenangan dan ketenteraman, dan saya tahu bahwa saya akan menemukan **jawaban** atas **pertanyaan-pertanyaan** saya di sini. Saya berjalan melewati **pintu masuk** kuil dan masuk ke ruang utama. Di dalamnya sejuk dan gelap, dan saya bisa melihat lilin-lilin yang **berkedip-kedip** di ceruk-ceruk di sekitar ruangan.

# Temple de Borobudur

Le soleil se couchait derrière les **montagnes**, projetant une belle teinte orange dans le ciel. Le temple de Borobudur se dressait devant moi, ses pierres anciennes illuminées par les derniers rayons **du soleil**. J'ai ressenti un sentiment de crainte en **m'approchant de** ce lieu sacré. J'avais lu des livres et vu des photos de Borobudur, mais rien ne pouvait me préparer au spectacle qui s'offrait à moi.

Le temple était massif, avec des sculptures complexes sur toutes les surfaces. Je pouvais voir des figures de Bouddha assis en méditation, **entourées** d'animaux et d'autres symboles. C'était vraiment **à couper le souffle**. En m'approchant du temple, j'ai senti un sentiment de paix m'envahir. Cet endroit respirait le calme et la sérénité, et je savais que je trouverais ici **les réponses** à mes **questions**. J'ai franchi l'**entrée** du temple et suis entré dans la salle principale. Il faisait frais et sombre à l'intérieur, et je pouvais voir des bougies **scintiller** dans les alcôves autour de la pièce.

J'ai ressenti un sentiment de **révérence** en regardant la statue de **Bouddha** au centre de la pièce. Je me suis assis en tailleur devant le Bouddha et j'ai fermé

Saya merasakan rasa **hormat** saat saya melihat patung **Buddha** di tengah ruangan. Saya duduk bersila di depan Buddha dan memejamkan mata, mulai bermeditasi. Saya membiarkan semua pikiran meninggalkan pikiran saya dan hanya fokus pada napas saya. Setelah beberapa waktu, saya merasakan rasa damai yang mendalam menetap di dalam diri saya. **Tiba-tiba**, saya mendengar suara yang berbicara kepada saya dari dalam pikiran saya sendiri. "Jangan mencari jawaban dari orang lain, tetapi temukanlah jawaban itu di dalam diri Anda sendiri." Suara itu tenang dan **menenangkan**, dan itu memenuhi saya dengan **kekuatan** dan **keyakinan**. "Anda tahu bahwa Anda memiliki semua yang Anda butuhkan untuk menemukan jalan Anda. Dengan kata-kata ini bergema di kepala saya, saya membuka mata dan bangkit dari meditasi. Saya merasa lebih ringan dari sebelumnya, seolah-olah ada beban yang terangkat dari diri saya.

Saat saya meninggalkan Candi Borobudur, saya menyadari bahwa tempat ini bukan hanya tentang menemukan jawaban. Ini adalah tentang **menemukan** diri saya sendiri. Dan untuk itu, saya selamanya bersyukur. Matahari telah terbit pada saat saya meninggalkan candi, dan saya merasakan awal yang baru saat saya berjalan kembali menyusuri jalan setapak. Jawaban yang saya cari ada di dalam diri saya selama ini, dan **Borobudur** telah membantu saya untuk menemukannya.

les yeux pour commencer à méditer. J'ai laissé toutes les pensées quitter mon esprit et me suis simplement concentré sur ma respiration. Après un certain temps, j'ai senti un profond sentiment de paix s'installer en moi. **Soudain**, j'ai entendu une voix qui me parlait depuis mon propre esprit. "Ne cherche pas de réponses auprès des autres, mais trouve-les en toi-même". La voix était calme et **apaisante**, et elle me remplissait de **force** et de **confiance**. "Tu sais que tu as tout ce dont tu as besoin pour trouver ton chemin. Avec ces mots qui résonnaient dans ma tête, j'ai ouvert les yeux et me suis levée de ma méditation. Je me sentais plus léger qu'avant, comme si un poids m'avait été enlevé.

En quittant le temple de Borobudur, j'ai réalisé que cet endroit ne servait pas seulement à trouver des réponses. Il s'agissait de me **découvrir**. Et pour cela, je suis à jamais reconnaissant. Le soleil s'était levé lorsque j'ai quitté le temple, et j'ai ressenti un sentiment de nouveau départ en redescendant le chemin. Les réponses que je cherchais étaient en moi depuis le début, et **Borobudur** m'avait aidé à les trouver.

# Pertanyaan Pemahaman

1. Apa yang dirasakan penulis ketika mendekati candi Borobudur?

2. Apa yang dipikirkan penulis tentang kuil setelah melihatnya?

3. Apakah yang penulis perhatikan tentang ukiran-ukiran di kuil?

4. Bagaimanakah perasaan penulis ketika memasuki ruang utama kuil?

5. Apakah yang dilihat oleh penulis di ruang utama Bait Suci?

6. Apa yang terjadi pada pengarang ketika bermeditasi di depan patung Buddha?

7. Apa reaksi pengarang terhadap suara yang berbicara kepada mereka?

8. Bagaimana perasaan penulis setelah meninggalkan kuil?

9. Menurut penulis, apa tujuan dari candi Borobudur?

# Questions de compréhension

1. Que ressent l'auteur en s'approchant du temple de Borobudur ?

2. Que pense l'auteur du temple en le voyant ?

3. Que remarque l'auteur à propos des sculptures sur le temple ?

4. Que ressent l'auteur en entrant dans la chambre principale du temple ?

5. Que voit l'auteur dans la chambre principale du temple ?

6. Qu'arrive-t-il à l'auteur lorsqu'il médite devant la statue de Bouddha ?

7. Quelle est la réaction de l'auteur à la voix qui lui parle ?

8. Que ressent l'auteur en quittant le temple ?

9. Selon l'auteur, quel est le but du temple de Borobudur ?

# Sawah Terasering

Matahari terbenam di atas sawah, memancarkan cahaya jingga yang indah di atas **lanskap**. Itu adalah pemandangan yang damai, pemandangan yang **tidak berubah** selama berabad-abad. Tetapi ada sesuatu yang berbeda di udara **malam ini**. Perasaan gembira dan antisipasi Malam ini, roh-roh sawah akan menjadi hidup. Hanya untuk satu malam saja, mereka akan menari dan bernyanyi dan merayakan kehidupan. Ini adalah **peristiwa** khusus yang hanya terjadi sekali setiap seratus tahun, dan semua orang sangat ingin menyaksikannya. Saat **kegelapan** turun, roh pertama muncul. Dia adalah seorang wanita muda dengan rambut hitam panjang yang tergerai di punggungnya. Dia mengenakan pakaian **tradisional** yang terbuat dari kain berwarna cerah, dan dia membawa sekeranjang beras di kepalanya.

Perlahan tapi pasti, lebih banyak roh-roh mulai bermunculan dari seluruh penjuru teras sampai ada **ratusan** dari mereka berkumpul bersama di satu tempat." Tanah bergetar dan pohon-pohon bergoyang seolah-olah terjebak dalam angin kencang. Itu adalah pemandangan yang **menggembirakan** untuk dilihat. Musiknya cepat dan meriah, dan segera membuat

# Les rizières en terrasses

Le soleil se couchait sur les rizières en terrasses, projetant une belle lueur orange sur le **paysage**. C'était une scène paisible, qui **n'avait pas changé** depuis des siècles. Mais il y avait quelque chose de différent dans l'air **ce soir**. Un sentiment d'excitation et d'anticipation Ce soir, les esprits des rizières en terrasses allaient s'animer. Pour une nuit seulement, ils allaient danser, chanter et célébrer la vie. C'était une **occasion** spéciale qui ne se produisait qu'une fois tous les cent ans, et tout le monde était impatient d'y assister. Alors que la **nuit** tombait, le premier esprit est apparu. C'était une jeune femme avec de longs cheveux noirs tombant en cascade dans son dos. Elle portait une robe **traditionnelle** faite de tissus aux couleurs vives, et elle portait un panier de riz sur sa tête.

Lentement mais sûrement, d'autres esprits ont commencé à apparaître de tous les coins des terrasses, jusqu'à ce qu'il y en ait des **centaines rassemblés au** même endroit. "Lorsque les esprits se sont mis à danser, ils ont créé un tourbillon d'**énergie** qui a rempli l'air d'une charge **électrique**." Le sol tremble et les arbres se balancent comme s'ils étaient pris dans un vent violent. C'était un spectacle **exaltant** à voir. La

semua orang dalam keadaan seperti kesurupan. Mereka menari sepanjang malam, sampai matahari mulai terbit kembali. Saat fajar menyingsing, para arwah perlahan-lahan **menghilang** kembali ke sawah, hanya meninggalkan tawa dan kenangan malam ajaib ini. Selama sisa hidup mereka, mereka yang telah **menyaksikan** roh-roh sawah menari tidak akan pernah melupakan malam ajaib itu.

Itu adalah pengalaman yang akan mereka **kenang** selamanya. Keesokan harinya, **semua orang** membicarakan tentang peristiwa malam sebelumnya. Mereka semua sepakat bahwa itu adalah salah satu hal paling **menakjubkan yang** pernah mereka lihat. Sawah-sawah menjadi hidup dan menari untuk mereka. Itu adalah pengalaman yang benar-benar ajaib. Bahkan mereka yang tidak berada di sana mengatakan bahwa mereka bisa merasakan energi dari acara tersebut dari tempat mereka berdiri. Ada rasa sukacita dan kebahagiaan di udara yang **terasa jelas**. Sepertinya segala sesuatu mungkin terjadi karena mereka telah menyaksikan keajaiban seperti itu dengan mata kepala mereka sendiri. " "Apakah Anda pikir kita akan pernah melihat sesuatu seperti itu lagi?" tanya seseorang."("Saya tidak tahu," jawab **orang** lain. "Tapi saya yakin berharap demikian."

musique était rapide et entraînante, et tout le monde était bientôt en état de transe. Ils ont dansé toute la nuit, jusqu'à ce que le soleil se lève à nouveau. À l'aube, les esprits ont lentement **disparu** dans les rizières en terrasses, ne laissant derrière eux que leurs rires et les souvenirs de cette nuit magique. Pour le reste de leur vie, ceux qui avaient **vu** danser les esprits des rizières en terrasses n'oublieraient jamais cette nuit magique.

C'était une expérience qu'ils **chériraient à** jamais. Le lendemain, **tout le monde** parlait des événements de la nuit précédente. Ils étaient tous d'accord pour dire que c'était l'une des choses les plus **étonnantes qu'**ils aient jamais vues. Les rizières en terrasses s'étaient animées et avaient dansé pour eux. C'était une expérience vraiment magique. Même ceux qui n'étaient pas là ont dit qu'ils pouvaient ressentir l'énergie de l'événement de là où ils se trouvaient. Il y avait un sentiment de joie et de bonheur dans l'air qui était **palpable**. Il semblait que tout était possible maintenant qu'ils avaient été témoins d'une telle magie de leurs propres yeux. "Pensez-vous que nous verrons un jour quelque chose comme ça ?" a demandé quelqu'un."("Je ne sais pas", a répondu une autre **personne**. "Mais j'espère bien que oui."

# Pertanyaan Pemahaman

1. Perasaan apa yang ada di udara pada malam ketika arwah-arwah di sawah akan datang?

2. Seberapa sering peristiwa ini terjadi?

3. Bagaimana arwah-arwah itu menghilang di akhir acara?

4. Apa reaksi orang-orang yang tidak menyaksikan peristiwa itu?

5. Apa yang ditinggalkan oleh para roh ketika mereka menghilang?

6. Apakah reaksi dari mereka yang menyaksikan peristiwa itu?

7. Apakah perasaan yang mendasari bagi mereka yang tidak menyaksikan peristiwa itu?

8. Bagaimana peristiwa itu dibandingkan dengan seratus tahun sebelumnya?

9. Apakah reaksi orang-orang yang menyaksikan peristiwa seratus tahun sebelumnya?

# Questions de compréhension

1. Quel sentiment flottait dans l'air le soir où les esprits des rizières en terrasses allaient s'animer ?

2. À quelle fréquence cet événement se produit-il ?

3. Comment les esprits ont-ils disparu à la fin de l'événement ?

4. Quelle a été la réaction de ceux qui n'ont pas été témoins de l'événement ?

5. Qu'est-ce que les esprits ont laissé derrière eux quand ils ont disparu ?

6. Quelle a été la réaction de ceux qui ont été témoins de l'événement ?

7. Quel était le sentiment sous-jacent pour ceux qui n'ont pas été témoins de l'événement ?

8. Comment l'événement se compare-t-il à celui qui s'est produit cent ans auparavant ?

9. Quelle a été la réaction de ceux qui ont été témoins de l'événement cent ans auparavant ?

# Gunung berapi Krakatau

Gunung berapi Krakatau adalah tempat yang indah dan mematikan. Terletak di **Indonesia** dan merupakan salah satu gunung berapi paling **berbahaya** di dunia. Terakhir kali meletus, gunung ini menewaskan lebih dari 36.000 orang. Tapi itu tidak menghentikan wisatawan untuk datang melihat keindahannya. Suatu hari, sekelompok **turis** memutuskan untuk mendaki di sekitar gunung berapi. Mereka tidak siap dengan apa yang akan mereka lihat. Ketika mereka semakin dekat ke kawah, mereka bisa merasakan panas **yang memancar** dari kawah. Mereka juga bisa melihat lava yang **menggelegak** di dalamnya. Saat mereka semakin dekat, salah satu pendaki terpeleset dan jatuh ke dalam kawah! Yang lain mencoba menolongnya, tetapi sudah terlambat; dia sudah mati. Ini menunjukkan betapa **berbahayanya** gunung berapi ini.

Meskipun **indah**, Anda harus selalu berhati-hati saat berada di dekatnya karena bisa membunuh Anda dalam sekejap! Sekelompok turis sangat terkejut setelah apa yang telah terjadi. Mereka tidak percaya bahwa seseorang telah meninggal tepat di depan mereka. Tetapi mereka tahu bahwa mereka harus

# Volcan du Krakatoa

Le volcan Krakatoa est un endroit magnifique et mortel. Il est situé en **Indonésie** et est l'un des volcans les plus **dangereux** au monde. La dernière fois qu'il est entré en éruption, il a tué plus de 36 000 personnes. Mais cela n'a pas empêché les touristes de venir voir sa beauté. Un jour, un groupe de **touristes** a décidé de faire une randonnée autour du volcan. Ils n'étaient pas préparés à ce qu'ils allaient voir. En s'approchant du cratère, ils ont pu sentir la chaleur qui en **émanait**. Ils pouvaient également voir la lave **bouillonner à l'**intérieur. Alors qu'ils se rapprochaient, l'un des randonneurs a glissé et est tombé dans le cratère ! Les autres ont essayé de l'aider, mais il était trop tard, il était déjà mort. Cela montre à quel point ce volcan peut être **dangereux**.

Même si elle est **magnifique**, il faut toujours faire attention quand on s'en approche car elle peut vous tuer en un instant ! Le groupe de touristes était en état de choc après ce qui s'était passé. Ils n'arrivaient pas à croire que quelqu'un était mort sous leurs yeux. Mais ils savaient qu'ils devaient continuer parce qu'il n'y avait plus de retour **en** arrière possible. Alors qu'ils continuaient leur randonnée, ils ont commencé à

terus berjalan karena tidak ada jalan **untuk** kembali sekarang. Saat mereka melanjutkan pendakian, mereka mulai mendengar suara aneh. Kedengarannya seperti ada sesuatu yang datang ke arah mereka! Mereka semua **mulai** berlari, tetapi sudah terlambat. Lahar sudah mengalir ke arah mereka dan menelan mereka semua dalam hitungan detik. Ini adalah kisah tentang kelompok wisatawan terakhir yang pernah mengunjungi Gunung Berapi Krakatau. Jika Anda pernah pergi ke sana, pastikan untuk berhati-hati karena ini adalah tempat yang sangat berbahaya! Letusan **Gunung Berapi** Krakatau adalah salah satu bencana alam paling **dahsyat** dalam sejarah. Letusan itu menewaskan lebih dari 36.000 orang dan menghancurkan segala sesuatu yang dilaluinya. Aliran laharnya begitu kuat sehingga bahkan mencapai kota Jakarta di dekatnya!

**Bencana** ini membuat banyak orang **trauma**, dan masih banyak yang belum pulih dari bencana ini. Gunung berapi ini sekarang sudah tidak aktif, tetapi selalu ada risiko gunung berapi ini bisa meletus lagi. Jadi, jika Anda berada di dekatnya, pastikan untuk menjauh dari kawah! Sudah beberapa tahun sejak letusan terakhir **gunung berapi** Krakatau. Kota **Jakarta** masih berusaha untuk pulih dari kerusakan yang ditimbulkannya. Tapi hidup terus berjalan, dan orang-orang perlahan-lahan mulai melupakan apa yang telah terjadi.

entendre un bruit étrange. On aurait dit que quelque chose venait vers eux ! Ils ont tous **commencé à** courir, mais il était trop tard. La lave coulait déjà vers eux et les a tous engloutis en quelques secondes. C'est l'histoire du dernier groupe de touristes à avoir visité le volcan Krakatoa. Si vous vous y rendez un jour, faites attention car c'est un endroit très dangereux ! L'éruption du **volcan** Krakatoa a été l'une des catastrophes naturelles les plus **dévastatrices** de l'histoire. Elle a tué plus de 36 000 personnes et a tout détruit sur son passage. La coulée de lave était si puissante qu'elle a même atteint la ville voisine de Jakarta !

Cette **catastrophe a laissé beaucoup de** gens **traumatisés**, et beaucoup ne s'en sont toujours pas remis. Le volcan est désormais inactif, mais il existe toujours un risque qu'il entre à nouveau en éruption. Donc, si vous vous trouvez un jour à proximité, assurez-vous de ne pas vous approcher du cratère ! Quelques années s'étaient écoulées depuis la dernière éruption du **volcan** Krakatoa. La ville de **Jakarta** essayait toujours de se remettre des dégâts causés par l'éruption. Mais la vie continue, et les gens commençaient lentement à oublier ce qui s'était passé.

# Pertanyaan Pemahaman

1. Apa itu Gunung Berapi Krakatau?

2. Di manakah Gunung Berapi Krakatau berada?

3. Kapan terakhir kali Gunung Krakatau meletus?

4. Berapa banyak orang yang tewas ketika Gunung Krakatau terakhir meletus?

5. Apa yang dilihat oleh kelompok wisatawan saat mereka semakin dekat ke kawah?

6. Apa yang terjadi pada turis yang jatuh ke dalam kawah?

7. Suara apakah yang didengar oleh kelompok wisatawan saat mereka melanjutkan pendakian?

8. Apa yang terjadi pada kelompok wisatawan?

9. Apa kerusakan yang diakibatkan oleh letusan Gunung Krakatau?

# Questions de compréhension

1. Qu'est-ce que le volcan Krakatoa ?

2. Où se trouve le volcan Krakatoa ?

3. Quelle est la dernière fois que le volcan Krakatoa est entré en éruption ?

4. Combien de personnes ont été tuées lors de la dernière éruption du volcan Krakatoa ?

5. Qu'a vu le groupe de touristes en s'approchant du cratère ?

6. Qu'est-il arrivé au touriste qui est tombé dans le cratère ?

7. Quel était le bruit que le groupe de touristes a entendu en poursuivant sa randonnée ?

8. Qu'est-il arrivé au groupe de touristes ?

9. Quels ont été les dégâts causés par l'éruption du volcan Krakatoa ?

# Pulau Jawa

Pulau Jawa adalah tempat yang tiada duanya. Ini adalah tanah misteri dan intrik, di mana masa lalu dan masa kini **bertabrakan**. Ada banyak kisah yang telah diceritakan tentang pulau ini, dan masing-masing kisah itu sama uniknya dengan pulau itu sendiri. Salah satu kisah tersebut berkisar pada seorang wanita **muda** bernama Sarah. Sarah lahir di pulau ini dan tumbuh besar dikelilingi oleh keindahannya. Dia selalu terpesona oleh sejarah tanah airnya, dan dia bermimpi suatu hari nanti **menemukan** rahasianya sendiri. **Kesempatan** Sarah datang ketika dia terpilih untuk menjadi bagian dari ekspedisi arkeologi ke pulau itu. Selama berbulan-bulan, dia bekerja tanpa lelah dengan timnya, menggali reruntuhan kuno dan mengungkap **artefak** yang sudah lama terlupakan.

Namun, ketika mereka mencapai jantung pulau, barulah mereka menemukan apa yang mereka cari: **bukti** peradaban yang hilang yang pernah berkembang di pantai Jawa **berabad-abad** yang lalu. Sarah dan timnya bukan satu-satunya yang **tertarik** dengan sejarah pulau ini. Pemerintah Jawa juga tertarik untuk mempelajari lebih lanjut tentang masa lalunya, dan mereka memiliki tim **arkeolog** sendiri yang bekerja di pulau itu. Namun, ada satu perbedaan di antara

# Île de Java

L'île de Java n'est pas un endroit comme les autres. C'est une terre de mystère et d'intrigue, où le passé et le présent **s'entrechoquent**. De nombreuses histoires ont été racontées sur cette île, et chacune est aussi unique que l'île elle-même. L'une de ces histoires **tourne** autour d'une **jeune** femme nommée Sarah. Sarah est née sur l'île et a grandi entourée de sa beauté. Elle a toujours été fascinée par l'histoire de sa terre natale et rêvait de **découvrir un** jour ses secrets par elle-même. L'**occasion s'est présentée à** Sarah lorsqu'elle a été choisie pour faire partie d'une expédition archéologique sur l'île. Pendant des mois, elle a travaillé sans relâche avec son équipe, fouillant des ruines anciennes et découvrant des **objets** oubliés depuis longtemps.

Mais ce n'est que lorsqu'ils ont atteint le cœur de l'île qu'ils ont trouvé ce qu'ils cherchaient : les **preuves** d'une civilisation perdue qui avait autrefois prospéré sur les côtes de Java, il y a **des siècles**. Sarah et son équipe n'étaient pas les seuls à **s'intéresser** à l'histoire de l'île. Le gouvernement de Java était également désireux d'en savoir plus sur son passé, et sa propre équipe d'**archéologues** travaillait sur l'île. Cependant, il y a une différence entre les deux groupes

kedua kelompok: sementara tim Sarah mencari bukti peradaban yang hilang, tim **pemerintah** mencari sesuatu yang jauh lebih **berharga**: harta karun. Konon, ada banyak harta karun yang tersembunyi di Jawa, yang ditinggalkan oleh penduduk purbanya.

Dan siapa pun yang menemukannya akan menjadi sangat kaya. Perlombaan untuk menemukan **harta karun** Jawa sedang berlangsung, dan kedua tim **bertekad** untuk menjadi yang pertama menemukannya. Namun saat mereka mencari melalui reruntuhan pulau, mereka mulai menyadari bahwa mereka tidak sendirian. Ada orang lain yang juga mencari harta karun itu, dan yang tidak akan berhenti untuk mendapatkannya terlebih dahulu. Saat kedua tim berbenturan dalam pencarian harta karun itu, Sarah mulai mengumpulkan sejarah pulau itu. Dia **menemukan** bahwa peradaban yang hilang itu bukan hanya budaya **biasa**, tetapi sebuah kerajaan yang kuat yang pernah memerintah seluruh Jawa. Dan harta karunnya konon dikutuk, dilindungi oleh roh-roh jahat yang akan melakukan apa saja untuk menyembunyikannya. Dengan timnya yang diserang dan waktu yang semakin menipis, Sarah harus menemukan cara untuk menghentikan yang lain mengambil **harta karun** itu. Tapi dia segera menyadari bahwa ada lebih banyak yang dipertaruhkan daripada sekadar uang atau kemuliaan; jika dia tidak bertindak cepat, seluruh pulau bisa hancur.

: alors que l'équipe de Sarah cherche des preuves d'une civilisation disparue, l'équipe **du gouvernement** cherche quelque chose de bien plus **précieux** : un trésor. On dit qu'il existe de nombreux trésors cachés sur Java, laissés par ses anciens habitants.

Et celui qui les trouvera deviendra vraiment très riche. La course pour trouver les **trésors** de Java est lancée, et les deux équipes sont **déterminées à** être les premières à les trouver. Mais en fouillant les ruines de l'île, elles commencent à réaliser qu'elles ne sont pas seules. D'autres personnes sont également à la recherche du trésor, et ne reculeront devant rien pour mettre la main dessus en premier. Alors que les deux équipes s'affrontent dans leur quête du trésor, Sarah commence à reconstituer l'histoire de l'île. Elle **découvre** que la civilisation perdue n'était pas une culture **ordinaire**, mais un puissant empire qui régnait autrefois sur tout Java. Et l'on dit que ses trésors sont maudits, protégés par des esprits maléfiques qui feront tout pour les garder cachés. Alors que son équipe est attaquée et que le temps presse, Sarah doit trouver un moyen d'empêcher les autres de s'emparer du **trésor**. Mais elle se rend vite compte que l'enjeu est plus important que l'argent ou la gloire : si elle n'agit pas rapidement, l'île entière pourrait être détruite.

# Pertanyaan Pemahaman

1. Tentang apa cerita itu?

2. Di manakah pulau Jawa?

3. Siapa Sarah?

4. Apakah kesempatan Sarah?

5. Apa yang mereka cari?

6. Apa perbedaan antara kedua kelompok?

7. Apa saja harta karun tersembunyi di Jawa?

8. Siapa yang tidak akan berhenti untuk mendapatkan harta karun itu?

9. Apa yang dipertaruhkan jika Sarah tidak bertindak cepat?

10. Apakah pertarungan terakhir?

# Questions de compréhension

1. De quoi parle l'histoire ?

2. Où se trouve l'île de Java ?

3. Qui est Sarah ?

4. Quelle était l'opportunité pour Sarah ?

5. Que cherchaient-ils ?

6. Quelle est la différence entre les deux groupes ?

7. Quels sont les trésors cachés de Java ?

8. Qui ne reculera devant rien pour mettre la main sur le trésor ?

9. Quel est l'enjeu si Sarah n'agit pas rapidement ?

10. Quelle est l'épreuve de force finale ?

# matahari terbenam di Bali

Matahari perlahan-lahan mulai turun di bawah cakrawala, melukis langit dalam spektrum warna jingga, merah muda, dan ungu. Ombak menjilat-jilat di pantai, seolah-olah mencoba untuk melihat sekilas terakhir dari hari itu. Di pantai, orang-orang mengemasi barang-barang mereka, bersiap-siap untuk meninggalkan tempat **ajaib** ini. Tetapi bagi beberapa orang, seperti saya, ini hanyalah awal dari malam kami. Kami akan menyaksikan **matahari terbenam** dari atas tebing yang menghadap ke lautan, kemudian menuju ke salah satu dari banyak klub malam di Bali dan berdansa sampai subuh. Saat saya menyaksikan matahari menghilang ke laut, saya tidak bisa tidak merenungkan hidup saya. Rasanya baru **kemarin** saya lulus dari perguruan tinggi dan **memulai** perjalanan yang disebut "hidup" ini. Kadang-kadang sulit dipercaya bahwa saya sudah berusia pertengahan dua puluhan; waktu terasa berlalu dengan cepat dan lebih cepat setiap tahunnya.

Tetapi pada saat-saat seperti ini-ketika saya dikelilingi oleh keindahan alam-saya merasa bersyukur untuk setiap momen yang telah saya jalani. Udara malam terasa sangat menyenangkan saat kami berjalan menuju Club Medusa. Ada antrean di sekitar blok,

# coucher de soleil à Bali

Le soleil commence lentement à descendre sous l'horizon, peignant le ciel dans un spectre d'oranges, de roses et de violets. Les vagues clapotaient sur le rivage, comme si elles essayaient d'avoir un dernier aperçu de la journée. Sur la plage, les gens remballaient leurs affaires, **se préparant à** quitter cet endroit **magique**. Mais pour certains, comme moi, ce n'était que le début de notre soirée. Nous allions regarder le **coucher de soleil** du haut d'une falaise surplombant l'océan, puis nous nous rendions dans l'une des nombreuses boîtes de nuit de Bali pour danser jusqu'à l'aube. Alors que je regardais le soleil disparaître dans la mer, je ne pouvais m'empêcher de réfléchir à ma vie. J'avais l'impression que c'était **hier** que j'avais obtenu mon diplôme universitaire et que je **m'étais lancée** dans ce voyage appelé "vie". Parfois, j'avais du mal à croire que j'avais déjà une vingtaine d'années ; le temps semblait passer de plus en plus vite avec chaque année qui passait.

Mais dans des moments comme celui-ci, lorsque j'étais entourée par la beauté de la nature, je me sentais reconnaissante pour chaque moment de ma vie. L'air de la nuit était électrique et excitant alors que nous nous dirigions vers le Club Medusa. Il y avait une

tetapi kami tidak keberatan - kami tahu itu akan sepadan begitu kami masuk ke dalam. Begitu kami berjalan melewati pintu-pintu itu, kami **dibawa** ke dunia lain: musik **yang berdentum-dentum**, lampu-lampu yang berkedip, dan tubuh-tubuh di mana pun Anda melihat. Klub ini penuh sesak, tetapi kami **berhasil** menemukan tempat di lantai dansa. Kami membiarkan musik mengambil alih tubuh kami, bergerak serempak mengikuti irama. Seringkali, **seseorang** akan menabrak kami atau menumpahkan minuman mereka, tetapi kami tidak peduli - kami terhanyut dalam momen tersebut. Jam-jam berlalu, dan sebelum kami menyadarinya, sudah waktunya untuk pergi. Kami berjalan kembali ke tebing untuk menyaksikan **matahari terbit**. Saat saya menyaksikan sinar pertama cahaya mengintip di cakrawala, saya merasakan kedamaian menyapu saya.

Pada **saat** itu, saya menyadari bahwa hidup ini terlalu singkat untuk mencemaskan hal-hal yang tidak penting. Kita hanya memiliki satu kesempatan dalam hal ini - mungkin juga membuatnya berarti! Saat kami menyaksikan matahari terbit, kami berbagi cerita tentang kehidupan kami dan apa yang **ingin kami** lakukan dengan waktu kami. Kami tertawa, menangis, dan membuat rencana untuk masa depan. Itu adalah momen yang saya tahu **tidak** akan **pernah** saya lupakan. Saat matahari **perlahan-lahan** naik lebih tinggi di langit, kami mengucapkan **selamat tinggal** dan berpisah.

file d'attente dans tout le quartier, mais cela ne nous dérangeait pas - nous savions que cela en vaudrait la peine une fois à l'intérieur. Dès que nous avons franchi ces portes, nous avons été **transportés** dans un autre monde : musique **tonitruante**, lumières clignotantes, et des corps partout où l'on regarde. Le club était bondé, mais nous avons **réussi à** trouver une place sur la piste de danse. Nous avons laissé la musique envahir nos corps, en bougeant à l'unisson avec le rythme. De temps en temps, **quelqu'un** nous bousculait ou renversait son verre, mais nous ne nous en souciions pas - nous étions perdus dans l'instant. Les heures ont filé, et avant que nous le sachions, il était temps de partir. Nous sommes retournés sur la falaise pour regarder le **lever du soleil**. En regardant les premiers rayons de lumière dépasser l'horizon, j'ai senti un sentiment de paix m'envahir.

À ce **moment-là,** j'ai compris que la vie est trop courte pour s'inquiéter de choses qui n'ont pas d'importance. Nous n'avons qu'une seule chance, autant la faire valoir ! En regardant le soleil se lever, nous avons partagé des histoires sur nos vies et sur ce que nous **voulions** faire de notre temps. Nous avons ri, pleuré et fait des plans pour l'avenir. C'était un moment que je savais que je **n'oublierais jamais**. Alors que le soleil montait **lentement dans le** ciel, nous nous sommes dit **au revoir** et avons pris des chemins différents.

# Pertanyaan Pemahaman

1. Apa yang direfleksikan oleh penulis pada awal teks?

2. Apa yang dilakukan penulis setelah menyaksikan matahari terbenam?

3. Apa pendapat penulis tentang waktu?

4. Seperti apa suasana di dalam Club Medusa?

5. Bagaimana perasaan penulis setelah menyaksikan matahari terbit?

6. Apa yang diingatkan oleh penulis kepada para pembaca?

7. Apa yang dipikirkan penulis tentang saat-saat yang dihabiskan di tebing?

8. Apa tujuan perjalanan penulis ke Bali?

9. Menurut Anda, apa yang akan dilakukan penulis selanjutnya setelah peristiwa-peristiwa dalam teks ini?

10. Apa yang akan Anda lakukan secara berbeda jika Anda berada di posisi penulis?

# Questions de compréhension

1. Sur quoi l'auteur réfléchit-il au début du texte ?

2. Que fait l'auteur après avoir regardé le coucher du soleil ?

3. Que pense l'auteur du temps ? 4. Quelle est l'atmosphère du Club Medusa ?

5. Que ressent l'auteur après avoir regardé le lever du soleil ?

6. Quel est le rappel de l'auteur aux lecteurs ?

7. Que pense l'auteur des moments passés sur la falaise ?

8. Quel était le but du voyage de l'auteur à Bali ?

9. A votre avis, que fera l'auteur après les événements du texte ?

10. Qu'auriez-vous fait différemment si vous étiez à la place de l'auteur ?

# Pasar di Jakarta

**Pasar** di Jakarta selalu menjadi tempat yang **ramai.**
Penuh dengan orang-orang dari semua lapisan
masyarakat, menjual segala sesuatu mulai dari pakaian,
makanan hingga pernak-pernik. Dan di tengah-tengah
semua kekacauan ini, seorang wanita selalu berhasil
menonjol. Namanya Astrid, dan dia menjual bunga.
Tapi bukan sembarang **bunga-rangkaian** bunganya
adalah karya seni. Bunga-bunga itu halus dan indah,
dan selalu tampak mencerahkan alun-alun pasar. Astrid
telah datang ke **pasar** selama bertahun-tahun, sejak ia
masih kecil. Ibunya dulu juga menjual bunga, dan Astrid
akan membantunya merangkai bunga. Dia menyukai
aroma bunga segar dan cara bunga-bunga itu bisa
membuat hari yang **paling suram** sekalipun tampak
sedikit lebih cerah.

Suatu hari, ketika Astrid sedang **menyiapkan** kiosnya,
dia melihat seorang pria berjalan dengan kepala
tertunduk. Dia tampak seperti sudah melewati hari-
hari yang lebih baik-pakaiannya compang-camping
dan dia tampak seperti belum makan berhari-hari.
Saat pria itu **berjalan** melewati kiosnya, Astrid
tidak bisa menahan diri untuk tidak merasa tertarik
padanya. Dia memanggilnya, dan ketika dia berbalik,
dia **menawarkan** salah satu bunganya. Awalnya ia

# Marché de Jakarta

Le **marché** de Jakarta a toujours été un endroit **très animé**. Il était rempli de gens de tous horizons, vendant tout, des vêtements à la nourriture en passant par les bibelots. Et au milieu de tout ce chaos, une femme réussissait toujours à se démarquer. Elle s'appelait Astrid et vendait des fleurs. Mais pas n'importe quelles fleurs - ses **compositions** étaient des œuvres d'art. Elles étaient délicates et belles, et elles semblaient toujours égayer la place du marché. Astrid venait au **marché** depuis des années, depuis qu'elle était toute petite. Sa mère vendait aussi des fleurs, et Astrid l'aidait à les arranger. Elle aimait l'odeur des fleurs fraîches et la façon dont elles égayaient les journées les **plus sombres**.

Un jour, alors qu'Astrid **montait** son étal, elle remarqua un homme qui marchait la tête baissée. Il avait l'air d'avoir connu des jours meilleurs : ses vêtements étaient en lambeaux et on aurait dit qu'il n'avait pas mangé depuis des jours. Alors qu'il **passait** devant son étal, Astrid ne pouvait s'empêcher d'être attirée par lui. Elle l'a appelé, et quand il s'est retourné, elle lui a **offert** une de ses fleurs. Il a d'abord hésité, puis il a tendu la main et l'a prise. Et alors qu'il le faisait, elle a vu la moindre trace d'un sourire sur son visage. Après

ragu-ragu, tapi kemudian ia mengulurkan tangan dan mengambilnya dari Astrid. Dan saat dia melakukannya, dia melihat sedikit senyuman di wajahnya. Setelah hari itu, pria itu mulai kembali ke alun-alun pasar setiap hari. Dia selalu berjalan melewati kios Astrid dan memberinya anggukan kecil **sebelum** melanjutkan perjalanan. Dan setiap kali dia melakukannya, Astrid merasa senang. Ia seperti menemukan seorang teman di tempat asing ini. Suatu hari, setelah pria itu datang menemuinya selama berminggu-minggu, Astrid **memutuskan** untuk menanyakan namanya.

 Awalnya ia ragu-ragu, tetapi kemudian ia mengatakan bahwa itu adalah John. Setelah itu, mereka mulai berbicara lebih banyak lagi-tentang kehidupan mereka, keluarga mereka, dan impian mereka untuk masa depan. Akhirnya, John mulai membantu Astrid dengan **rangkaian** bunganya. Mereka bekerja **sama dengan** baik - John memiliki tangan yang mantap sementara Astrid memiliki bakat kreatif - dan tak lama kemudian mereka membuat beberapa rangkaian bunga yang paling indah di alun-alun pasar. Alun-alun pasar menjadi tempat pelipur lara bagi John. Itu adalah satu tempat di mana ia merasa seperti miliknya. Dan Astrid senang memiliki John di sana bersamanya. Suatu hari, John tidak datang ke alun-alun pasar. Astrid **menunggunya** sepanjang pagi, tetapi John tidak pernah muncul.

ce jour, l'homme a commencé à revenir sur la place du marché tous les jours. Il passait toujours devant l'étal d'Astrid et lui faisait un petit signe de tête **avant de** repartir. Et chaque fois qu'il le faisait, Astrid ne pouvait s'empêcher de se sentir heureuse. C'était comme si elle avait trouvé un ami dans cet endroit étrange. Un jour, après que l'homme soit venu la voir pendant des semaines, Astrid a **décidé** de lui demander son nom.

 Il a d'abord hésité, puis il lui a dit que c'était John. Après cela, ils ont commencé à parler de plus en plus - de leurs vies, de leurs familles et de leurs rêves pour l'avenir. Finalement, John a commencé à aider Astrid avec ses **compositions** florales. Ils travaillaient bien **ensemble** - John avait une main sûre tandis qu'Astrid avait un flair créatif - et bientôt, ils réalisaient certaines des plus belles compositions de la place du marché. La place du marché est devenue un lieu de réconfort pour John. C'était le seul endroit où il se sentait à sa place. Et Astrid était heureuse de l'avoir à ses côtés. Un jour, John n'est pas venu sur la place du marché. Astrid l'a **attendu** toute la matinée, mais il n'est jamais venu.

# Pertanyaan Pemahaman

1. Siapa nama wanita yang menjual bunga?

2. Apa yang dijual oleh pasar yang penuh dengan orang banyak itu?

3. Mengapa orang itu terlihat murung?

4. Kapan Astrid mulai membuat rangkaian bunga?

5. Bagaimana perasaan Astrid ketika ia melihat pria itu berjalan di sekitar alun-alun pasar?

6. Mengapa pria itu mulai kembali ke alun-alun pasar?

7. Siapa nama orang itu?

8. Di tempat manakah Yohanes merasa bahwa ia adalah miliknya?

9. Mengapa Astrid patah hati ketika dia mengetahui bahwa pria itu akan pergi?

# Questions de compréhension

1. Quel était le nom de la femme qui vendait des fleurs ?

2. Que vendait la place du marché pleine de monde ?

3. Pourquoi l'homme avait-il l'air abattu ?

4. Quand Astrid a-t-elle commencé à faire des compositions florales ?

5. Qu'a ressenti Astrid lorsqu'elle a vu l'homme se promener sur la place du marché ?

6. Pourquoi l'homme a-t-il commencé à revenir sur la place du marché ?

7. Quel était le nom de l'homme ?

8. Quel était le seul endroit où Jean se sentait à sa place ?

9. Pourquoi Astrid a-t-elle eu le cœur brisé lorsqu'elle a appris que l'homme partait ?

# Gunung Bromo

Matahari telah menyengat **tanpa ampun** di desa pegunungan kecil itu selama berhari-hari. Panasnya begitu menyengat sehingga para penduduk desa terpaksa tidur di tempat teduh pada siang hari dan hanya keluar pada malam hari. Bahkan, mereka hanya keluar cukup lama untuk mengambil air dari sumur atau mengumpulkan makanan. **Semua orang gelisah**, menunggu hujan yang akan membawa kelegaan dari panas. Tetapi hujan tak kunjung datang. Setiap hari berlalu, emosi berkobar dan orang-orang mulai saling membentak satu sama lain karena hal-hal sepele. **Ketegangan** semakin memuncak ketika salah satu tetua desa mengalami kesurupan dan mulai **bergumam** tentang api dan kematian. Tidak ada yang bisa **memahami** apa yang dia coba katakan, tetapi kata-katanya membuat semua orang yang mendengarnya merinding. Kemudian, pada suatu malam, mereka mendengarnya: suara **gemuruh** yang dalam seperti guntur yang bergulung-gulung di langit, diikuti oleh pekikan yang menusuk telinga. Kedengarannya seperti berasal dari Gunung Bromo, gunung berapi aktif yang menjulang di atas desa mereka.

Mereka telah hidup dalam ketakutan akan letusannya selama bertahun-tahun, tetapi selalu tidak aktif ...

# Le Mont Bromo

Depuis plusieurs jours, le soleil s'abat **sans pitié** sur
le petit village de montagne. La chaleur était si intense
que les villageois avaient pris l'habitude de dormir
à l'ombre pendant la journée et de ne sortir que la
nuit. Et même là, ils ne s'aventuraient que le temps
d'aller chercher de l'eau au puits ou de la nourriture.
**Tout le monde** était sur les nerfs, attendant la pluie
qui apporterait un soulagement de la chaleur. Mais
elle n'est jamais venue. Au fil des jours, les esprits
s'échauffent et les gens commencent à s'engueuler
pour des choses insignifiantes. La **tension** était à son
comble lorsque l'un des anciens du village est entré
en transe et a commencé à **marmonner** sur le feu
et la mort. Personne ne pouvait **comprendre** ce qu'il
essayait de dire, mais ses mots ont jeté un froid sur
tous ceux qui les ont entendus. Puis, tard dans la nuit,
ils l'ont entendu : un **grondement** profond, comme le
tonnerre qui roule dans le ciel, suivi d'un cri perçant. On
aurait dit qu'il provenait du Mont Bromo, un volcan actif
qui surplombait leur village.

Ils ont vécu dans la crainte de son éruption pendant
des années, mais il était toujours resté en sommeil…
jusqu'à maintenant. À l'aube, une épaisse fumée noire
**s'échappe** du cratère du Mont Bromo. Le sol a tremblé

sampai sekarang. Saat fajar menyingsing, asap hitam tebal terlihat **mengepul** dari kawah Gunung Bromo. Tanah bergetar saat lahar mulai mengalir menuruni lerengnya menuju desa-desa. Orang-orang **berebut** untuk mengungsi, tetapi tidak ada cukup waktu. Banyak yang terjebak di jalur kehancuran, jeritan mereka tenggelam oleh deru gunung berapi. Mereka yang berhasil melarikan diri menyaksikan **tanpa daya** saat rumah dan mata pencaharian mereka ditelan oleh lava. Mereka tidak bisa berbuat apa-apa selain berdiri di sana dan menyaksikan segala sesuatu yang mereka sayangi **hancur** di depan mata mereka. Hanya dalam beberapa jam, semuanya berubah. Desa yang dulunya berkembang pesat itu terbaring di reruntuhan, **tertutup** abu tanpa ada tanda-tanda kehidupan yang **tertinggal**. Para penyintas perlahan-lahan mulai membangun kembali, tetapi itu adalah proses yang panjang dan sulit. Setiap hari mereka diingatkan tentang apa yang telah hilang akibat letusan. Beberapa hari terlalu berat untuk ditanggung, dan orang-orang hanya akan duduk dan menatap ruang kosong di mana rumah mereka pernah berdiri. Tetapi **pada akhirnya**, dengan waktu dan dukungan dari satu sama lain, mereka mulai sembuh.

et la lave a commencé à dévaler les pentes vers les villages. Les gens **se sont précipités** pour évacuer, mais il n'y avait pas assez de temps. Beaucoup ont été pris dans la trajectoire de destruction, leurs cris ont été étouffés par le rugissement du volcan. Ceux qui ont réussi à s'échapper ont assisté, **impuissants, à** l'engloutissement de leurs maisons et de leurs moyens de subsistance par la lave. Ils ne pouvaient rien faire d'autre que de rester là et de regarder tout ce qui leur était cher être **détruit** sous leurs yeux. En quelques heures seulement, tout a changé. Le village autrefois prospère était en ruines, **couvert** de cendres, sans aucun signe de vie. Les survivants ont lentement commencé à reconstruire, mais ce fut un processus long et difficile. Chaque jour, ils se souvenaient de ce qu'ils avaient perdu lors de l'éruption. Certains jours, c'était trop dur à supporter, et les gens s'asseyaient et regardaient simplement l'espace vide où se trouvaient leurs maisons. Mais **finalement**, avec le temps et le soutien des uns et des autres, ils ont commencé à guérir.

# Pertanyaan Pemahaman

1. Tentang apakah peringatan tetua desa itu?

2. Bagaimana perasaan desa tentang Gunung Bromo sebelum letusan?

3. Bagaimana letusan itu mengubah desa?

4. Bagaimana para korban selamat membangun kembali rumah mereka?

5. Untuk apa upacara tahunan ini?

6. Bagaimana perasaan desa tentang Gunung Bromo setelah letusan?

7. Apa yang diwakili oleh Gunung Bromo untuk desa ini sekarang?

8. Kisah-kisah apa yang diceritakan oleh para tetua kepada generasi muda?

9. Mengapa hidup itu berharga?

# Questions de compréhension

1. Sur quoi portait l'avertissement de l'ancien du village ?

2. Que pensait le village du Mont Bromo avant l'éruption ?

3. Comment l'éruption a-t-elle changé le village ?

4. Comment les survivants ont-ils reconstruit leurs maisons ?

5. A quoi sert la cérémonie annuelle ?

6. Que pensait le village du Mont Bromo après l'éruption ?

7. Que représente aujourd'hui le mont Bromo pour le village ?

8. Quelles histoires les aînés racontent-ils à la jeune génération ?

9. Pourquoi la vie est-elle précieuse ?

# Berperahu di Danau Toba

Matahari terbenam di atas Danau Toba, dan cahaya terakhir hari itu **menyinari** air, membuatnya tampak seperti selembar kaca. Permukaan air yang tenang hanya terpecah oleh riak sesekali dari ikan atau burung. Itu adalah pemandangan yang **indah**, dan yang selalu membuat saya merasa damai. Saya duduk di perahu saya, membiarkan goyangan lembut membuai saya ke dalam keadaan **relaksasi**. Saya telah seharian berada di danau, memancing dan menjelajahi banyak sudut dan celahnya. Saat malam mulai tiba, saya puas hanya duduk santai dan menikmati ketenangan di sekeliling saya. Tiba-tiba, terdengar suara percikan **keras** di dekatnya, diikuti dengan **percikan** dan teriakan panik.

Saya **tersentak** untuk memperhatikan dan melihat bahwa seseorang telah jatuh ke laut dari perahu mereka tidak terlalu jauh dari saya. Tanpa berpikir **lebih jauh**, saya segera mengarahkan perahu saya sendiri ke arah mereka dengan tergesa-gesa. Ketika saya mendekat, saya bisa melihat bahwa itu adalah seorang wanita muda yang jatuh ke dalam air. Dia berjuang untuk menjaga kepalanya tetap di atas air dan tampak

# Navigation de plaisance dans le lac Toba

Le soleil se couchait sur le lac Toba, et les dernières lueurs du jour **éclairaient** l'eau, la faisant ressembler à une feuille de verre. La surface calme n'était rompue que par l'ondulation occasionnelle d'un poisson ou d'un oiseau. C'était un spectacle **magnifique**, qui m'a toujours fait sentir en paix. Je me suis assis dans mon bateau, laissant le doux balancement me bercer dans un état de **relaxation**. J'avais passé la journée sur le lac, à pêcher et à explorer ses nombreux coins et recoins. Comme la nuit commençait à tomber, j'étais content de m'asseoir et de profiter de la tranquillité de mon environnement. Soudain, il y a eu un **grand** éclaboussement à proximité, suivi d'**éclaboussures** et de cris frénétiques.

Je me suis **réveillé** et j'ai vu que quelqu'un était tombé par-dessus bord de son bateau, pas très loin de moi. Sans réfléchir **davantage**, j'ai dirigé mon propre bateau vers eux en toute hâte. En m'approchant, j'ai pu voir que c'était une jeune femme qui était tombée à l'eau. Elle luttait pour garder sa tête hors de l'eau et semblait terrifiée. Sans hésiter, j'ai sauté dans le lac et nagé vers

ketakutan. Tanpa ragu-ragu, saya melompat ke danau dan berenang ke arahnya. Ketika saya mencapainya, dia berpegangan pada saya dengan putus asa, **terengah-engah**. Saya melingkarkan lengan saya di sekelilingnya dan **menendang** kaki saya dengan keras untuk mendorong kami berdua kembali ke perahu saya. Rasanya seperti selamanya, tetapi akhirnya kami berhasil kembali dengan selamat. Wanita muda itu gemetar tak terkendali karena kedinginan dan syok atas apa yang telah terjadi. Saya membungkus selimut di sekelilingnya dan duduk bersamanya sampai dia cukup **tenang** untuk menceritakan apa yang telah terjadi.

Rupanya, dia sedang berada di danau sendirian di perahunya ketika dia menabrak sesuatu yang **tersembunyi** tepat di bawah permukaan **air**, yang menyebabkan dia jatuh **ke laut**. Dia beruntung bahwa saya berada di dekatnya dan dapat menolongnya. Jika dia berada di luar sana lebih lama lagi, dia bisa dengan mudah tenggelam. Seperti itu, dia kedinginan dan terguncang tetapi tidak terluka. Kami duduk di perahu saya sampai dia merasa cukup sehat untuk kembali ke perahunya sendiri, lalu kami berpisah. Saya tidak terlalu memikirkan insiden itu setelah itu, tetapi itu **mengingatkan** saya betapa berbahayanya Danau Toba jika Anda tidak berhati-hati. Danau Toba adalah tempat yang indah, tetapi selalu lebih baik untuk berhati-hati saat berperahu di perairannya.

elle. Quand je l'ai atteinte, elle s'est accrochée à moi désespérément, **haletant** pour respirer. Je l'ai entourée de mes bras et j'ai **donné un** grand **coup de pied dans** mes jambes pour nous propulser toutes les deux vers mon bateau. Cela m'a semblé une éternité, mais nous avons fini par rentrer sains et saufs. La jeune femme tremblait de façon incontrôlable à cause du froid et du choc de ce qui était arrivé. J'ai enroulé une couverture autour d'elle et je me suis assis avec elle jusqu'à ce qu'elle se soit suffisamment **calmée** pour me raconter ce qui s'était passé.

Apparemment, elle se trouvait seule sur le lac dans son bateau lorsqu'elle a heurté quelque chose de **caché** juste sous la surface de l'**eau**, ce qui l'a fait tomber **par-dessus bord**. Elle a eu de la chance que je me trouve à proximité et que je puisse l'aider. Si elle était restée dehors plus longtemps, elle aurait pu facilement se noyer. En fait, elle avait froid et était secouée, mais elle n'était pas blessée. Nous sommes restés assis dans mon bateau jusqu'à ce qu'elle se sente suffisamment bien pour retourner dans le sien, puis nous avons pris des chemins différents. Je n'ai pas beaucoup pensé à l'incident après cela, mais cela m'a **rappelé** à quel point le lac Toba peut être dangereux si vous n'êtes pas prudent. C'est un endroit magnifique, mais il est toujours préférable d'être prudent quand on navigue dans ses eaux.

# Pertanyaan Pemahaman

1. Apa yang dirasakan sang tokoh utama tentang danau?

2. Apa yang dilakukan tokoh utama ketika melihat wanita itu berjuang di dalam air?

3. Bagaimana hubungan sang tokoh utama dengan sang wanita setelah kejadian itu?

4. Menurut Anda, apa motivasi sang protagonis untuk menolong wanita itu?

5. Menurut Anda, apa yang dipikirkan oleh sang tokoh utama ketika mereka melihat wanita itu bergumul di dalam air?

6. Menurut Anda, apa yang dirasakan sang tokoh utama setelah mereka menolong wanita itu kembali ke tempat yang aman?

7. Menurut Anda, apa yang dirasakan wanita itu setelah ia ditolong kembali ke tempat aman?

8. Menurut Anda, apa yang dipikirkan wanita itu ketika melihat sang tokoh utama datang ke arahnya?

# Questions de compréhension

1. Que ressent le protagoniste à propos du lac ?

2. Que fait le protagoniste lorsqu'il voit la femme se débattre dans l'eau ?

3. Quelle est la relation du protagoniste avec la femme après l'incident ?

4. Selon vous, quelle est la motivation du protagoniste pour aider la femme ?

5. À votre avis, à quoi pensait le protagoniste lorsqu'il a vu la femme se débattre dans l'eau ?

6. Que pensez-vous que le protagoniste ressentait après avoir aidé la femme à se mettre en sécurité ?

7. Que pensez-vous que la femme ressentait après qu'on l'ait aidée à se mettre en sécurité ?

8. À votre avis, à quoi pensait la femme lorsqu'elle a vu le protagoniste venir vers elle ?

# Mengunjungi Ubud

Matahari baru saja mulai mengintip dari cakrawala saat saya berjalan menyusuri jalan setapak menuju Ubud. Saya bisa mendengar kicauan burung dan dedaunan yang **berdesir** tertiup angin sepoi-sepoi. Hari itu akan menjadi hari yang indah. Saya telah merencanakan perjalanan saya ke Ubud selama berbulan-bulan, dan sekarang saya akhirnya berada di sini, saya tidak sabar untuk menjelajahi semua yang ditawarkan tempat **ajaib** ini. Dari sawah **yang menakjubkan** dan pemandangan hutan yang rimbun, hingga budayanya yang semarak dan orang-orangnya yang ramah, ada begitu banyak hal yang bisa ditemukan. Saat saya berjalan ke kota, saya merasa seperti dibawa ke dunia lain.

Jalanan dipenuhi dengan toko-toko berwarna-warni yang menjual seni dan kerajinan tradisional Bali. Udara dipenuhi dengan aroma dupa dan **bunga**. Kemanapun saya melihat, ada wajah-wajah tersenyum yang ingin menyambut saya di kota asal mereka. Saya menghabiskan beberapa hari berikutnya menjelajahi semua yang ditawarkan Ubud. Saya mengunjungi Monkey Forest, di mana saya bisa melihat dari dekat beberapa **monyet yang** tinggal di sana. Saya berjalan melewati sawah dan mengagumi keindahannya. Dan saya bahkan mengikuti kelas memasak, di mana

# Visiter Ubud

Le soleil commençait tout juste à dépasser l'horizon alors que je descendais le chemin vers Ubud. J'entendais le chant des oiseaux et le **bruissement des** feuilles dans la brise légère. Cela allait être une belle journée. J'avais planifié mon voyage à Ubud depuis des mois, et maintenant que j'étais enfin là, j'avais hâte d'explorer tout ce que cet endroit **magique** avait à offrir. De ses **superbes** rizières en terrasses et de ses paysages de jungle luxuriante à sa culture vivante et à ses habitants chaleureux, il y avait tant de choses à découvrir. En entrant dans la ville, j'avais l'impression d'avoir été transportée dans un autre monde.

Les rues étaient bordées de boutiques colorées vendant des objets d'art et d'artisanat traditionnels balinais. L'air était rempli de l'odeur de l'encens et des **fleurs**. Partout où je regardais, il y avait des visages souriants désireux de m'accueillir dans leur ville natale. J'ai passé les quelques jours suivants à explorer tout ce qu'Ubud avait à offrir. J'ai visité la forêt des singes, où j'ai pu approcher de près certains des **singes** résidents. Je me suis promenée dans les rizières en terrasses et j'ai été émerveillée par leur beauté. Et j'ai même pris un cours de cuisine, où j'ai appris à préparer des plats traditionnels balinais comme le nasi goreng et le

saya belajar cara membuat hidangan tradisional Bali seperti nasi goreng dan sate ayam. **Kemanapun** saya pergi, saya disambut dengan kehangatan dan **keramahan**. Masyarakat Ubud membuat saya merasa seperti di rumah sendiri, dan pada akhir perjalanan saya, saya tahu bahwa ini adalah tempat yang akan **selalu** memiliki tempat khusus di hati saya. Saat saya mengemasi tas saya untuk kembali ke rumah, saya tidak bisa menahan perasaan sedikit sedih.

Saya telah jatuh cinta dengan Ubud dan tidak ingin pergi. Tetapi saya tahu bahwa ini hanyalah **awal** dari perjalanan saya dan masih banyak lagi **petualangan yang** menunggu saya di luar sana. Saya melihat terakhir kali ke **sawah-sawah** saat matahari terbenam di belakangnya dan tersenyum. Saya tahu bahwa saya akan segera kembali. Saya sangat bersemangat untuk kembali ke Ubud! Saya telah memimpikannya sejak saya pergi. Segera setelah saya tiba, saya langsung menuju ke sawah. Sawah-sawah ini bahkan lebih indah dari yang saya **ingat**. Matahari baru saja mulai terbenam, dan langit berwarna merah tua. Saya duduk dan menyaksikan cahaya perlahan-lahan memudar, **meninggalkan** selimut bintang. Saya merasa sangat beruntung bisa mengalami tempat yang menakjubkan ini lagi.

poulet satay. **Partout où** je suis allée, j'ai été accueillie avec chaleur et **hospitalité**. Les habitants d'Ubud m'ont fait sentir comme chez moi, et à la fin de mon voyage, je savais que cet endroit aurait **toujours une** place spéciale dans mon cœur. Alors que je faisais mes valises pour rentrer chez moi, je ne pouvais m'empêcher de me sentir un peu triste.

Je suis tombée amoureuse d'Ubud et je ne voulais pas partir. Mais je savais que ce n'était que le **début** de mon voyage et que de nombreuses autres **aventures** m'attendaient là-bas. J'ai regardé une dernière fois les rizières **en terrasses** alors que le soleil se couchait derrière elles et j'ai souri. Je savais que je reviendrais bientôt. J'étais si excitée de retourner à Ubud ! J'en rêvais depuis mon départ. Dès que je suis arrivée, je suis allée directement aux rizières en terrasses. Elles étaient encore plus belles que **dans** mes **souvenirs**. Le soleil commençait tout juste à se coucher, et le ciel était d'un rouge profond. Je me suis assise et j'ai regardé la lumière s'éteindre lentement, laissant **derrière elle** une couverture d'étoiles. Je me suis sentie si chanceuse de pouvoir découvrir à nouveau cet endroit incroyable.

# Pertanyaan Pemahaman

1. Apa reaksi awal penulis saat tiba di Ubud?

2. Mengapa penulis bersemangat untuk kembali ke Ubud?

3. Apa yang dilakukan penulis ketika mereka pertama kali tiba kembali di Ubud?

4. Apa kesan penulis tentang sawah?

5. Apa kesan penulis tentang masyarakat Ubud?

6. Apa yang dilakukan penulis di Monkey Forest?

7. Apa yang dipelajari penulis dalam kelas memasak mereka?

8. Bagaimana perasaan penulis di akhir perjalanan mereka?

9. Apa reaksi penulis terhadap langit saat matahari terbenam?

# Questions de compréhension

1. Quelle a été la première réaction de l'auteur en arrivant à Ubud ?

2. Pourquoi l'auteur était-il impatient de retourner à Ubud ?

3. Que fait l'auteur lorsqu'il arrive à Ubud ?

4. Quelle est l'impression de l'auteur sur les rizières en terrasses ?

5. Quelle est l'impression de l'auteur sur les habitants d'Ubud ?

6. Que fait l'auteur dans la forêt des singes ?

7. Qu'est-ce que l'auteur apprend à faire dans son cours de cuisine ?

8. Que ressent l'auteur à la fin de son voyage ?

9. Quelle est la réaction de l'auteur face au ciel au coucher du soleil ?

# Di pantai

Setelah matahari terbit, ombak lebih keras dan pasir di atas air pasang berwarna putih. Saya berjalan ke pantai, **mengagumi** laut dan matahari. Jari-jari kaki saya merasakan lekukan kerang. Pasirnya dingin di jari-jari kaki saya. Saya tersenyum dan terus berjalan. Air laut sedang pasang, jadi saya harus berhati-hati agar tidak terseret. Saya berjalan di sepanjang tepi air, mengagumi laut. Matahari terbit sangat **indah**, dan ombak yang menerjang. Saya merasa sangat damai. Saya sampai di suatu tempat di mana ada singkapan batu karang. Saya duduk dan menyaksikan ombak. Airnya begitu biru dan langitnya begitu **jingga**. Saya merasa seperti berada dalam mimpi. Saya memejamkan mata dan hanya mendengarkan ombak. Saya duduk di sana untuk waktu yang lama, sampai saya mendengar seseorang memanggil nama saya.

Saya membuka mata dan melihat ibu saya berjalan ke arah saya. Wajahnya terlihat khawatir. Saya tersenyum dan melambaikan tangan, dan dia pun **santai**. "Aku bertanya-tanya ke mana kamu pergi," katanya. "Saya senang kamu menikmati pantai." Saya menjawab, "Ya." "Di sini sangat indah." "Aku tahu," katanya. "Aku sering datang ke sini ketika aku masih seusiamu." "Benarkah?" Saya bertanya. "Ya," jawabnya. "Ini tempat

# A la plage

Après le lever du soleil, les vagues sont plus fortes et le sable au-dessus de la marée est blanc. Je marche jusqu'à la plage, **admirant** la mer et le soleil. Mes orteils sentent les rainures des coquillages. Le sable est froid sur mes orteils. Je souris et je continue. La marée est haute, alors je dois faire attention à ne pas me laisser entraîner. Je marche le long du bord de l'eau, en admirant la mer. Le lever du soleil est **magnifique**, et les vagues s'écrasent. Je me sens si paisible. J'arrive à un endroit où il y a un affleurement rocheux. Je m'assieds et je regarde les vagues. L'eau est si bleue et le ciel est si **orange**. J'ai l'impression d'être dans un rêve. Je ferme les yeux et je me contente d'écouter les vagues. Je suis restée assise pendant un long moment, jusqu'à ce que j'entende quelqu'un m'appeler.

J'ouvre les yeux et je vois ma mère marcher vers moi. Elle a un air inquiet sur le visage. Je souris et je lui fais signe, et elle **se détend**. "Je me demandais où tu étais allée", dit-elle. "Je suis contente que tu profites de la plage." Je réponds : "J'en profite." "C'est tellement beau ici." "Je sais", dit-elle. "Je venais ici tout le temps quand j'avais ton âge." "Vraiment ?" Je demande. "Ouais", répond-elle. "C'est un endroit spécial." "As-tu déjà rencontré quelqu'un de spécial ici ?" Je demande. "Oui",

yang istimewa." "Apakah kamu pernah bertemu dengan seseorang yang istimewa di sini?" Saya bertanya. "Pernah," jawabnya sambil tersenyum. "Ayahmu." "Benarkah?" Saya berkata, **terkejut**. "Ya," katanya. "Kami sering datang ke sini bersama-sama. Di sinilah kami jatuh cinta. " Saya tersenyum, **membayangkan** orang tua saya jatuh cinta di pantai yang indah ini. "Ini adalah tempat yang istimewa," dia mengulangi. "Saya senang Anda datang ke sini hari ini."

Kami duduk di sana beberapa saat lebih lama, **menyaksikan** ombak dan matahari terbenam. Kemudian kami bangun dan berjalan kembali ke handuk pantai kami. Saya berbaring dan melihat bintang-bintang. Saya merasa sangat bahagia dan puas. Ombak sekarang lebih keras, dan pasirnya dingin. Matahari terbenam dan angin sejuk bertiup. Ombak menerjang pantai, dan bau garam tercium di udara. Ini adalah malam yang sempurna untuk berada di pantai. Saya berjalan di sepanjang pantai, **mendengarkan** suara ombak dan menyaksikan matahari terbenam. Saya melihat sekelompok orang duduk di atas pasir, tertawa dan bercanda. Mereka terlihat seperti sedang bersenang-senang. Saya berjalan ke arah mereka dan bertanya apakah saya bisa bergabung dengan mereka. Mereka mengiyakan, dan kami menghabiskan sisa malam itu dengan mengobrol, tertawa, dan menyaksikan **matahari terbenam**. Ini adalah malam yang sempurna.

répond-elle avec un sourire. "Ton père." "Vraiment ?"
Je dis, **surpris**. "Oui," dit-elle. "Nous avions l'habitude
de venir ici tout le temps ensemble. C'est là que nous
sommes tombés amoureux. " Je souris, **imaginant**
mes parents tombant amoureux sur cette magnifique
plage. " C'est un endroit spécial ", répète-t-elle. "Je suis
contente que tu sois venu ici aujourd'hui."

Nous restons assis là un moment de plus, à **regarder**
les vagues et le coucher de soleil. Puis nous nous
levons et retournons à nos serviettes de plage.
Je m'allonge et regarde les étoiles. Je me sens si
heureuse et satisfaite. Les vagues sont plus fortes
maintenant, et le sable est froid. Le soleil se couche et
une brise fraîche souffle. Les vagues s'écrasent sur le
rivage et l'odeur du sel flotte dans l'air. C'est une soirée
parfaite pour être à la plage. Je me promène le long du
rivage, en **écoutant le** bruit des vagues et en regardant
le coucher du soleil. Je vois un groupe de personnes
assises sur le sable, qui rient et plaisantent. Ils ont
l'air de passer un bon moment. Je m'approche d'eux
et leur demande si je peux les rejoindre. Ils acceptent
et nous passons le reste de la soirée à parler, à rire
et à regarder le **coucher de soleil**. C'est une soirée
parfaite.

# Pertanyaan Pemahaman

1. Ke manakah narator pergi setelah dia bangun?

2. Apa yang dikagumi oleh sang narator saat ia berjalan di sepanjang pantai?

3. Apa yang harus diwaspadai oleh narator saat ia berjalan di sepanjang pantai?

4. Di manakah narator duduk untuk menikmati pemandangan?

5. Berapa lama narator duduk di sana?

6. Siapakah yang dilihat narator ketika ia membuka matanya kembali?

7. Apa yang dikatakan oleh ibu narator?

8. Apa yang dibicarakan oleh narator dan orang-orang yang ditemuinya?

# Questions de compréhension

1. Où va la narratrice après son réveil ?

2. Qu'est-ce que la narratrice admire en marchant le long de la plage ?

3. De quoi la narratrice doit-elle se méfier lorsqu'elle marche le long de la plage ?

4. Où le narrateur s'assoit-il pour profiter de la vue ?

5. Combien de temps le narrateur reste-t-il assis là ?

6. Qui la narratrice voit-elle lorsqu'elle ouvre à nouveau les yeux ?

7. Que dit la mère du narrateur ?

8. De quoi parlent la narratrice et les personnes qu'elle rencontre ?

# Berkemah di Danau

Saya berjalan menuju danau, **mengagumi** kedamaian pemandangan. Matahari menyinari danau kecil itu, membuat airnya terlihat seperti selembar kaca. Satu-satunya gerakan adalah riak sesekali dari ikan yang **memecah** permukaan. Bahkan burung-burung pun tampak beristirahat sejenak dari panasnya cuaca, dengan hanya suara jangkrik yang mengisi udara. **Tiba-tiba**, kedamaian itu dipecahkan oleh percikan keras. Seekor **ikan** besar melompat keluar dari air, mencoba menangkap seekor capung. Ikan itu meleset dari sasarannya dan jatuh kembali ke dalam air dengan percikan. "Wow," pikir saya dalam hati, "itu ikan yang besar!". Saya melihat sekeliling untuk melihat apakah ada orang lain yang melihatnya, tetapi tidak ada seorang pun di sekitar saya. Saya kira saya harus memberitahu mereka ketika saya kembali ke perkemahan.

Panasnya **menindas**, membuat Anda sulit bernapas. Udaranya tebal dan berat, seperti selimut yang membungkus Anda. Satu-satunya kelegaan ada di dalam air. Sejuk dan menyegarkan, seperti minuman dingin di hari yang panas. Saya menarik napas dalam-dalam dan menyelam ke dalam air. Rasa lega langsung terasa saat air dingin mengelilingi saya. Saya

# Camping au lac

Je me dirige vers le lac, **admirant** la tranquillité de la scène. Le soleil tape sur le petit lac, faisant ressembler l'eau à une feuille de verre. Le seul mouvement est l'ondulation occasionnelle d'un poisson **brisant la** surface. Même les oiseaux semblent prendre une pause de la chaleur, avec seulement le son des cigales remplissant l'air. **Soudain**, la paix est rompue par un grand plouf. Un gros **poisson** a sauté hors de l'eau, essayant d'attraper une libellule. Le poisson rate sa cible et retombe dans l'eau avec un plouf. "Wow," je me dis, "c'était un gros poisson !". J'ai regardé autour de moi pour voir si quelqu'un d'autre l'avait vu, mais il n'y avait personne. Je suppose que je devrai leur dire quand je rentrerai au camp.

La chaleur est **oppressante**, il est difficile de respirer. L'air est épais et lourd, comme une couverture qui vous enveloppe. Le seul soulagement est dans l'eau. Elle est fraîche et rafraîchissante, comme une boisson fraîche par une journée chaude. Je prends une profonde inspiration et je plonge dans l'eau. Le soulagement est immédiat car l'eau fraîche m'entoure. Je nage jusqu'au fond, puis remonte à la surface, sentant l'eau refroidir mon corps. Je continue à **faire** des longueurs, appréciant le répit de la chaleur. Après un moment,

berenang turun ke dasar dan kemudian kembali ke permukaan, merasakan air mendinginkan tubuh saya. Saya terus **berenang** berputar-putar, menikmati jeda dari panas. Setelah beberapa saat, saya keluar dari air dan berbaring di atas rumput, membiarkan matahari mengeringkan tubuh saya. Saya memejamkan mata dan tertidur, suara **jangkrik** menidurkan saya. Saya membiarkan matahari memanggang air dari kulit saya. Saya bisa merasakan kulit saya menjadi merah, tetapi saya tidak peduli. Hal berikutnya yang saya tahu, matahari terbenam. Langit berwarna oranye yang indah, dengan garis-garis merah muda dan ungu. Panasnya hilang, digantikan oleh **angin** sejuk.

Saya bangun dan mengenakan pakaian saya kembali, merasa segar dan segar kembali. Saya **menghirup** dalam-dalam udara sejuk dan tersenyum. Rasanya menyenangkan bisa hidup. Saya berjalan kembali ke perkemahan, mengagumi cara warna-warna menari di langit. Saya bisa melihat api unggun menyala di kejauhan, dan saya bisa mencium bau asap di udara. Saya tersenyum dan **mempercepat** langkah saya. Saya siap untuk bersantai dan menikmati sisa malam saya. Saya berjalan ke perkemahan dan melihat semua orang berkumpul di sekitar api unggun. Mereka **tertawa** dan bercanda, dan saya bisa melihat api memantul di mata mereka. Saya tersenyum dan duduk di samping teman-teman saya.

je sors de l'eau et je m'allonge sur l'herbe, laissant le soleil sécher mon corps. Je ferme les yeux et m'endors, le son des **cigales** me berce dans un profond sommeil. Je laisse le soleil faire sortir l'eau de ma peau. Je sens que ma peau devient rouge, mais je m'en moque. J'ai trop chaud pour m'en soucier. La prochaine chose que je sais, c'est que le soleil se couche. Le ciel est d'un bel orange, avec des traces de rose et de violet. La chaleur a disparu, remplacée par une **brise** fraîche.

Je me lève et me rhabille, me sentant rafraîchie et rajeunie. Je **respire** profondément l'air frais et je souris. C'est bon d'être en vie. Je retourne au camping, en admirant la façon dont les couleurs dansent dans le ciel. Je peux voir le feu de camp qui brûle au loin et je peux sentir la fumée dans l'air. Je souris et j'**accélère le** pas. Je suis prête à me détendre et à profiter du reste de ma soirée. J'entre dans le camping et je vois que tout le monde est rassemblé autour du feu. Ils **rient** et plaisantent, et je peux voir le feu se refléter dans leurs yeux. Je souris et m'assieds à côté de mes amis.

# Pertanyaan Pemahaman

1. Ke mana pejalan kaki akan pergi?

2. Cuaca seperti apa itu?

3. Seperti apa bentuk airnya?

4. Bagaimana reaksi pejalan kaki terhadap panas?

5. Apa yang dilakukan ikan?

6. Mengapa pejalan kaki sendirian?

7. Bagaimana rasanya airnya?

8. Bagaimana perasaan pejalan kaki setelah berenang?

9. Jam berapa saat pejalan kaki terbangun?

10. Ke mana pejalan kaki pergi ketika ia meninggalkan perkemahan?

# Questions de compréhension

1. Où va le marcheur ?

2. Quel temps fait-il ?

3. À quoi ressemble l'eau ?

4. Comment le marcheur réagit-il à la chaleur ?

5. Que fait le poisson ?

6. Pourquoi le marcheur est-il seul ?

7. Quelle est la sensation de l'eau ?

8. Comment le marcheur se sent-il après avoir nagé ?

9. A quelle heure de la journée le déambulateur se réveille-t-il ?

10. Où va le marcheur quand il quitte le camp ?

# Rumah

Saya pindah ke rumah baru saya minggu lalu, dan saya sangat **gembira**! Rumah ini jauh lebih besar daripada rumah lama saya, dan memiliki halaman belakang yang luas. Saya tidak sabar untuk mengundang teman-teman untuk BBQ dan pesta. Bagian **favorit** saya adalah kamar tidur baru saya. Kamar tidur baru saya begitu besar dan terang, dan saya memiliki banyak ruang untuk meletakkan semua barang saya. Saya sangat senang dengan rumah baru saya dan saya pikir saya akan sangat bahagia di sini. Saya memutuskan untuk menjelajahi rumah ini sedikit lagi. Saya naik ke lantai dua dan mulai berjalan ke dapur ketika saya melihat seekor laba-laba hitam besar di dinding! Saya berteriak dan berlari ke bawah. Saya sangat **ketakutan**! Tetapi setelah beberapa menit, saya menjadi tenang dan memutuskan untuk kembali ke atas. Perlahan-lahan saya berjalan ke dapur dan melihat laba-laba itu sudah tidak ada. Saya sangat lega! Saya kembali ke bawah dan memutuskan untuk pergi keluar untuk menjelajahi **halaman belakang**. Laba-laba itu sangat besar! Saya tidak bisa mempercayainya. Saya melihat sebuah ayunan di sudut dan sebuah perosotan. Saya juga melihat jaring basket dan **trampolin**. Saya sangat senang!

Saya tidak sabar untuk menggunakan semua barang

# La Maison

J'ai emménagé dans ma nouvelle maison la semaine dernière, et je suis si **excitée** ! Elle est tellement plus grande que l'ancienne, et elle a un grand jardin. J'ai hâte d'inviter des amis pour des barbecues et des fêtes. Ce que je **préfère,** c'est ma nouvelle chambre. Elle est si grande et lumineuse, et j'ai beaucoup d'espace pour mettre toutes mes affaires. Je suis très contente de ma nouvelle maison et je pense que je serai très heureuse ici. J'ai décidé d'explorer un peu plus la maison. Je suis monté au deuxième étage et j'ai commencé à me diriger vers la cuisine quand j'ai vu une grosse araignée noire sur le mur ! J'ai crié et j'ai couru en bas. J'avais tellement **peur** ! Mais après quelques minutes, je me suis calmée et j'ai décidé de retourner à l'étage. J'ai lentement fait mon chemin vers la cuisine et j'ai vu que l'araignée était partie. J'étais tellement soulagée ! Je suis redescendu et j'ai décidé de sortir pour explorer le **jardin**. Elle était si grosse ! Je n'arrivais pas à y croire. J'ai vu une balançoire dans le coin et un toboggan. J'ai aussi vu un filet de basket et un **trampoline**. J'étais tellement excitée!

J'ai hâte d'utiliser tous ces nouveaux trucs. Les **voisins** sont venus et se sont présentés. Ils avaient l'air très gentils, et nous avons parlé un moment. Ils m'ont invité à leur barbecue le week-end prochain, et j'ai dit que j'aimerais beaucoup venir. J'ai passé une excellente

baru ini. Para **tetangga** datang dan memperkenalkan diri. Mereka tampak sangat baik, dan kami berbincang-bincang sebentar. Mereka mengundang saya ke acara BBQ mereka akhir pekan depan, dan saya bilang saya akan senang untuk datang. Saya menjalani minggu pertama yang luar biasa di rumah baru saya, dan saya sangat bersemangat dengan semua petualangan baru yang akan datang. Hari ini, saya akan pergi menjelajah di halaman belakang lagi dan melihat apa lagi yang bisa saya temukan. Siapa tahu, mungkin saya bahkan akan menemukan **harta karun**. Saya tidak sabar untuk melihat apa yang akan terjadi minggu depan! Minggu berikutnya, saya pergi menjelajah di halaman belakang lagi, dan saya menemukan sebuah taman **rahasia.** Taman itu sangat indah! Ada bunga-bunga di mana-mana dan kolam kecil dengan ikan di dalamnya. Saya juga melihat sebuah ayunan yang belum pernah saya lihat sebelumnya. Saya sangat senang menemukan taman rahasia ini, dan saya tidak sabar untuk menjelajahinya lebih jauh. Taman ini sangat **indah**!

Ada bunga-bunga di mana-mana dan kolam kecil dengan ikan di dalamnya. Saya juga melihat sebuah **ayunan** yang belum pernah saya lihat sebelumnya. Saya sangat senang menemukan taman rahasia ini, dan saya tidak sabar untuk menjelajahinya lebih jauh. Saya juga menyukai kamar baru saya. Kamarnya begitu besar dan terang, dan sudah ada poster-poster band favorit saya di dindingnya.

première semaine dans ma nouvelle maison et j'ai hâte de vivre toutes les nouvelles aventures qui m'attendent. Aujourd'hui, je vais encore aller explorer le jardin et voir ce que je peux trouver d'autre. Qui sait, peut-être vais-je même trouver un **trésor**. J'ai hâte de voir ce que la semaine prochaine nous réserve ! La semaine suivante, je suis retourné explorer le jardin et j'ai trouvé un jardin **secret**. C'était tellement beau ! Il y avait des fleurs partout et un petit étang avec des poissons dedans. J'ai aussi vu une balançoire que je n'avais jamais vue auparavant. J'étais si excitée de trouver ce jardin secret, et j'ai hâte de l'explorer davantage. C'était tellement **beau** !

Il y avait des fleurs partout et un petit étang avec des poissons dedans. J'ai aussi vu une **balançoire** que je n'avais jamais vue auparavant. J'étais si excitée de trouver ce jardin secret, et j'ai hâte de l'explorer davantage. J'ai aussi adoré ma nouvelle chambre. Elle était si grande et lumineuse, et il y avait déjà des posters de mes groupes préférés sur les murs.

# Pertanyaan Pemahaman

1. Di mana orang tersebut tinggal?

2. Bagaimana orang tersebut menyukainya di rumah baru?

3. Apa bagian favorit orang tersebut dari rumah baru?

4. Apa yang ditemukan orang itu di kebun?

5. Siapa saja tetangganya?

6. Bagaimana perasaan hari-hari pertama orang tersebut di rumah baru?

7. Apa bagian favorit orang tersebut dari ruangan baru?

8. Apa yang akan dilakukan orang tersebut besok?

9. Apa bagian terbaik dari minggu pertama orang tersebut di rumah baru?

10. Apa saja yang ada di kamar baru orang tersebut?

# Questions de compréhension

1. Où vit la personne ?

2. Comment la personne se sent-elle dans sa nouvelle maison ?

3. Quelle est la partie de la nouvelle maison que la personne préfère ?

4. Qu'est-ce que la personne a trouvé dans le jardin ?

5. Qui sont les voisins ?

6. Comment se sont passés les premiers jours de la personne dans sa nouvelle maison ?

7. Quelle est la partie de la nouvelle pièce que la personne préfère ?

8. Qu'est-ce que la personne prévoit de faire demain ?

9. Quelle a été la meilleure partie de la première semaine de la personne dans sa nouvelle maison ?

10. Qu'y a-t-il dans la nouvelle chambre de la personne ?

# Di kereta api

Saya berlari ke stasiun kereta api, tetapi saya terlambat. Kereta sudah berangkat tanpa saya. Saya merasa sangat **marah** dan **kecewa** dengan diri saya sendiri. Saya berencana naik kereta untuk mengunjungi kakek-nenek saya yang tinggal di pedesaan, tetapi sekarang saya harus menunggu satu jam penuh untuk kereta berikutnya. Sebagai gantinya, saya memutuskan untuk berjalan-jalan di sekitar kota dan mencoba melupakan kesempatan yang terlewatkan. Sambil berjalan, saya mulai **melamun** tentang semua tempat yang bisa dibawa oleh **kereta api.** Tiba-tiba, saya tidak begitu kesal lagi. Saya kembali ke stasiun dan tidak bisa tidak memperhatikan lokomotif besar berwarna merah, putih, dan biru yang melaju ke arah saya. Baru setelah saya melihat **kondektur** melambaikan tangan ke arah saya dari jendela, saya menyadari bahwa kereta api ini adalah untuk saya. Saya menaiki kereta dan menemukan tempat duduk saya, duduk di tempat yang menjanjikan perjalanan yang panjang.

Saat kami keluar dari stasiun, saya tidak bisa tidak bertanya-tanya ke mana kereta ini akan membawa saya. Melewati **ladang** hijau dan sungai-sungai biru, melewati gunung-gunung dan lembah-lembah juga, tidak ada yang tahu ke mana kereta tua ini akan pergi. Saat malam mulai tiba, saya tertidur dengan **nyenyak**,

# Dans le train

J'ai couru jusqu'à la gare, mais c'était trop tard. Le train était déjà parti sans moi. Je me suis sentie tellement **en colère** et **déçue** de moi-même. J'avais prévu de prendre le train pour rendre visite à mes grands-parents qui vivent à la campagne, mais maintenant je devais attendre le prochain train pendant une heure entière. J'ai décidé de me promener un peu dans la ville à la place et j'ai essayé d'oublier cette occasion manquée. En marchant, j'ai commencé à **rêver à** tous les endroits où le **train** peut vous emmener. Soudain, je n'étais plus aussi contrariée. Je suis retourné dans la gare et je n'ai pu m'empêcher de remarquer la grande locomotive rouge, blanche et bleue qui se dirigeait vers moi. Ce n'est que lorsque je vois le **conducteur** me faire signe par la fenêtre que je réalise que ce train est pour moi. Je monte dans le train et trouve mon siège, m'installant pour ce qui promet d'être un long voyage.

Alors que nous sortons de la gare, je ne peux m'empêcher de me demander où ce train va m'emmener. À travers des **champs** verts et des rivières bleues, en passant par des montagnes et des vallées, on ne sait pas où ce vieux train va aller. À la tombée de la nuit, je m'endors **paisiblement**, bercé par le mouvement **rythmique** des wagons sur les rails en contrebas. Quand le matin revient, j'ouvre les yeux

terbuai oleh gerakan **ritmis** gerbong di rel di bawah. Ketika pagi datang lagi, saya membuka mata untuk menemukan bahwa kami telah tiba di sebuah kota kecil di suatu tempat di antah berantah. Matahari baru saja mengintip dari cakrawala saat penduduk setempat mulai berseliweran di Main Street; terlihat seperti hari-hari lainnya di sini kecuali satu hal-ada tanda besar yang dipasang di dekat Balai Kota yang bertuliskan "Selamat datang di kapal!" Tampaknya kota kecil ini telah menanti-nanti kami, meskipun kami hanya kereta **penumpang** biasa yang lewat dalam perjalanan kami ke tempat lain. Saat kami meninggalkan kota di belakang kami sekali lagi, menumpang kereta api menuju tempat yang entah di mana selanjutnya, saya tersenyum melihat semua wajah ramah melambaikan tangan selamat tinggal dari rumah-rumah kecil yang terletak di antara **lahan** pertanian-sungguh menakjubkan bagaimana sesuatu yang tampaknya biasa-biasa saja dapat membawa begitu banyak kegembiraan hanya dengan melewatinya. Dan kemudian, tentu saja, ada **anak-anak**.

Saya bersandar ke luar jendela lokomotif saya. Mereka selalu membuat saya merasa sangat bahagia dengan mata mereka yang bersinar dan senyum lebar. Saya melambaikan tangan kepada mereka dengan penuh semangat sebelum kembali ke **kabin** dan duduk. Hari yang panjang, tapi belum berakhir; masih ada beberapa jam lagi sampai kami mencapai **tujuan** akhir kami.

pour constater que nous sommes arrivés dans une petite ville quelque part au milieu de nulle part. Le soleil pointe à peine à l'horizon et les habitants commencent à s'agiter dans la rue principale ; c'est un jour comme les autres ici, à l'exception d'une chose : il y a un grand panneau près de l'hôtel de ville qui dit "Bienvenue à bord". Il semble que cette petite ville nous attendait, même si nous ne sommes qu'un train de **voyageurs** ordinaire qui passe par là pour aller ailleurs. Alors que nous laissons la ville derrière nous une fois de plus, en direction d'on ne sait où, je souris à tous les visages amicaux qui nous saluent depuis ces petites maisons nichées au milieu des **terres agricoles - c**'est vraiment étonnant de voir comment quelque chose d'apparemment si ordinaire peut apporter tant de joie simplement en passant par là. Et puis, bien sûr, il y a les **enfants**.

Je me penche par la fenêtre de ma locomotive. Ils me rendent toujours si heureux avec leurs yeux brillants et leurs grands sourires. Je leur fais un signe de la main énergique avant de retourner dans ma **cabine** et de m'asseoir. La journée a déjà été longue, mais elle n'est pas encore terminée ; il reste encore quelques heures avant d'atteindre notre **destination** finale.

# Pertanyaan Pemahaman

1. Ke mana kereta api akan pergi?

2. Siapa yang bepergian dengan kereta api?

3. Kapan kereta api berangkat?

4. Bagaimana sang protagonis bisa naik kereta api?

5. Dari mana asal kereta api?

6. Ke mana kereta api akan pergi selanjutnya?

7. Kapan para penumpang tiba?

8. Bagaimana perasaan sang tokoh utama ketika ia ketinggalan kereta api?

9. Bagaimana reaksi masinis kereta api ketika melihat sang tokoh utama?

10. Mengapa sang tokoh utama menyukai kereta api?

# Questions de compréhension

1. Où va le train ?

2. Qui voyage dans le train ?

3. Quand le train part-il ?

4. Comment le protagoniste monte-t-il dans le train ?

5. D'où vient le train ?

6. Où le train va-t-il ensuite ?

7. Quand les passagers sont-ils arrivés ?

8. Que ressent le protagoniste lorsqu'il rate le train ?

9. Comment le conducteur du train réagit-il lorsqu'il voit le protagoniste ?

10. Pourquoi le protagoniste aime-t-il les trains ?

# Memasak Makan Malam

Sekarang pukul 5 sore dan saya sedang berjalan pulang dari kantor. Saya **menantikan** malam yang tenang di rumah bersama pasangan saya. Kami akan memasak makan malam bersama dan kemudian bersantai sepanjang malam. Rasanya menyenangkan mengetahui bahwa saya tidak memiliki rencana atau kewajiban apa pun **malam** ini. Saya tiba di rumah dan pasangan saya sudah berada di dapur, mulai menyiapkan makan malam kami. Baunya **luar biasa** di sini! Kami mengobrol sambil memasak, saling mengobrol tentang hari-hari satu sama lain dan berbagi cerita kecil dari kehidupan kerja kami. Dapur adalah ruangan favorit saya di apartemen kami. Saya suka memasak, dan saya terutama suka memasak bersama pasangan saya. Kami selalu bersenang-senang di sini, tertawa dan bercanda saat kami memasak. Ditambah lagi, makanannya selalu **luar biasa** saat kami bekerja **bersama**.

Malam ini, kami membuat salah satu resep favorit saya sepanjang masa: **ayam** Parmesan. Rekan saya memulai dengan membiakkan ayam sementara saya menyiapkan saus yang mendidih di atas **kompor**. Kami

# Cuisiner le dîner

Il est 17 heures et je rentre à pied du travail. J'ai **hâte** de passer une soirée tranquille à la maison avec mon partenaire. Nous allons préparer le dîner ensemble et nous détendre pour le reste de la nuit. C'est agréable de savoir que je n'ai aucun projet ni aucune obligation ce **soir**. J'arrive à la maison et mon partenaire est déjà dans la cuisine, en train de préparer notre dîner. Ça sent **très bon** ici ! Nous bavardons tout en cuisinant, prenant des nouvelles de nos journées respectives et partageant des petites histoires de nos vies professionnelles. La cuisine est ma pièce préférée dans notre appartement. J'adore cuisiner, et j'aime particulièrement cuisiner avec mon partenaire. Nous passons toujours un bon moment ici, à rire et à plaisanter pendant que nous cuisinons. De plus, la nourriture est toujours **incroyable** lorsque nous travaillons **ensemble**.

Ce soir, nous faisons l'une de mes recettes préférées : le **poulet au** parmesan. Mon partenaire commence par paner le poulet pendant que je fais mijoter la sauce sur la **cuisinière**. Nous travaillons ensemble comme une machine bien huilée, et en peu de temps, le dîner

bekerja sama seperti mesin yang diminyaki dengan baik, dan tak lama kemudian, makan malam siap disajikan. Kami duduk di meja dapur kecil kami dengan **piring-piring yang penuh** dengan ayam Parmesan, pasta, dan salad. Kami mendentingkan gelas dan mengambil gigitan pertama kami-dan rasanya **nikmat sekali**! Ayamnya renyah di bagian luar tetapi juicy di bagian dalam; sausnya beraroma dan sempurna; pastanya dimasak al dente... semuanya terasa benar-benar sempurna malam ini. Kami berdua tahu bahwa ini adalah salah satu malam di mana semuanya datang bersama dengan sempurna saat kami **menikmati** setiap gigitan terakhir dari makanan lezat kami. Rasanya bahkan lebih enak daripada baunya-yang sangat enak! Kami menyelesaikan makanan kami dengan relatif cepat karena tidak satu pun dari kami yang sangat lapar hari ini, tetapi kami meluangkan waktu kami untuk menikmati beberapa **gelas** anggur lagi sambil mengobrol ringan tentang topik ini dan itu. Setelah makan malam, kami membersihkan diri dengan cepat bersama-sama dan kemudian pindah ke ruang tamu, di mana kami menghabiskan waktu **berpelukan** di sofa sambil menonton TV.

est prêt à être servi. Nous nous asseyons à notre petite table de cuisine avec des **assiettes** remplies de poulet au parmesan, de pâtes et de salade. Nous faisons tinter les verres et prenons notre première bouchée - et c'est **divin** ! Le poulet est croustillant à l'extérieur mais juteux à l'intérieur ; la sauce est savoureuse et parfaite ; les pâtes sont cuites al dente... tout a un goût absolument parfait ce soir. Nous savons tous les deux que c'était l'une de ces nuits où tout s'est parfaitement réuni alors que nous **savourons** chaque bouchée de notre délicieux repas. Le goût était encore meilleur que l'odeur, qui était sacrément bonne ! Nous terminons notre repas assez rapidement car aucun de nous n'a particulièrement faim aujourd'hui, mais nous prenons notre temps en dégustant quelques **verres** de vin supplémentaires tout en discutant légèrement de tel ou tel sujet. Après le dîner, nous nettoyons rapidement ensemble et passons au salon, où nous passons un moment à **nous câliner** sur le canapé en regardant la télévision.

# Pertanyaan Pemahaman

1. Dari mana narator berasal?

2. Apa yang dilakukan narator setelah bekerja?

3. Apa yang dimakan narator untuk makan malam?

4. Mengapa narator menyukai dapur?

5. Hidangan seperti apa yang dimasak oleh pasangan ini?

6. Bagaimana perasaan narator di akhir malam?

7. Apa hal favorit pasangan untuk dilakukan?

8. Apa yang dilakukan pasangan ketika mereka lelah?

9. Di mana mereka tidur?

10. Mengapa narator suka tinggal di rumah?

# Questions de compréhension

1. D'où vient le narrateur ?

2. Que fait le narrateur après le travail ?

3. Que mange le narrateur pour le dîner ?

4. Pourquoi le narrateur aime-t-il la cuisine ?

5. Quel genre de plat le couple cuisine-t-il ?

6. Que ressent le narrateur à la fin de la soirée ?

7. Quelle est l'activité préférée du couple ?

8. Que fait le couple quand il est fatigué ?

9. Où dorment-ils ?

10. Pourquoi le narrateur aime-t-il rester à la maison ?

# Berjalan Pulang

Malam itu adalah malam yang **damai** saat saya berjalan pulang dari kantor. Saat saya berjalan, saya tidak bisa menahan senyum pada kenangan. Rasanya menyenangkan bisa kembali ke lingkungan lama saya. Saya melambaikan tangan kepada beberapa orang yang saya kenal, dan mereka membalas lambaian saya. Senang rasanya bisa kembali ke rumah. Saya berjalan melewati sekolah lama saya dan **mengingat** semua saat-saat indah yang saya alami bersama teman-teman saya. Kami selalu berjalan pulang bersama dan berbicara tentang hari kami. **Kadang-kadang** kami berhenti dan membeli es krim atau pergi ke taman. Itu adalah saat-saat terbaik. Saya merindukan masa-masa itu. Tetapi sekarang saya memiliki keluarga sendiri dan saya bahagia dengan hidup saya. Saya senang saya bisa melihat kembali kenangan itu dan tersenyum. Mereka adalah bagian dari hidup saya yang akan selalu saya hargai. Itu adalah masa-masa terbaik. Saya merindukan masa-masa itu. Tetapi sekarang saya memiliki keluarga sendiri dan saya bahagia dengan hidup saya. Saya senang saya bisa melihat kembali **kenangan** itu dan tersenyum. Mereka adalah bagian dari hidup saya yang akan selalu saya hargai.

# Walking Home

C'était une nuit **paisible** alors que je rentrais du travail. En marchant, je ne pouvais m'empêcher de sourire aux souvenirs. C'était bon d'être de retour dans mon ancien quartier. J'ai salué quelques personnes que je connaissais, et elles m'ont salué en retour. C'était bon d'être chez soi. Je suis passé devant mon ancienne école et je **me suis souvenu de** tous les bons moments que j'ai passés avec mes amis. On rentrait toujours ensemble à la maison et on parlait de notre journée. **Parfois,** on s'arrêtait pour acheter une glace ou aller au parc. C'était les meilleurs moments. Ces moments me manquent. Mais maintenant, j'ai ma propre famille et je suis heureuse de ma vie. Je suis heureux de pouvoir repenser à ces souvenirs et de sourire. Ils font partie de ma vie et je les chérirai toujours. C'était les meilleurs moments. Ils me manquent. Mais maintenant, j'ai ma propre famille et je suis heureux de ma vie. Je suis heureux de pouvoir repenser à ces **souvenirs** et de sourire. Ils font partie de ma vie et je les chérirai toujours.

Je continue à marcher, en pensant aux bons moments que j'ai passés avec mes amis. Je sais que je les reverrai bientôt. Je me dirige vers ma maison et décide de me promener dans un parc à proximité. Le soleil se

Saya terus berjalan, memikirkan saat-saat indah yang saya alami bersama teman-teman saya. Saya tahu saya akan segera bertemu mereka lagi. Saya menuju rumah saya dan memutuskan untuk berjalan melalui taman di dekatnya. Matahari terbenam dan langit berubah warna menjadi oranye yang **indah.** Taman itu kosong, kecuali beberapa burung yang berkicau di pepohonan. Saya menarik **napas** dalam-dalam dan tersenyum. Saat saya berjalan melewati taman, saya melihat bintang jatuh melesat di langit. Saya membuat harapan pada bintang itu, dan terus berjalan. Saya berpikir tentang hari saya di tempat kerja dan betapa **damainya** hari itu. Saya tersenyum pada diri sendiri, memikirkan betapa beruntungnya saya memiliki pekerjaan yang begitu hebat. Saya berjalan pulang, **merasakan** udara malam yang sejuk di kulit saya. Saya merasa begitu hidup dan bahagia, hanya menikmati tindakan sederhana berjalan pulang ke rumah di malam yang damai. Saya merasa sangat baik, saya mulai **bersiul**. Saya berjalan melewati beberapa orang di jalan, tetapi mereka semua sedang mengurus urusan mereka sendiri.

couche et le ciel prend une **belle** couleur orange. Le parc est vide, à l'exception de quelques oiseaux qui gazouillent dans les arbres. Je prends une profonde **inspiration** et je souris. Alors que je marche dans le parc, je vois une étoile filante traverser le ciel. J'ai fait un vœu sur cette étoile et j'ai continué à marcher. Je pense à ma journée de travail et au **calme qui** y régnait. Je souris à moi-même, en pensant à la chance que j'ai d'avoir un si bon travail. Je rentre chez moi, en **sentant l'**air frais de la nuit sur ma peau. Je me sens si vivante et heureuse, profitant du simple fait de rentrer chez moi par une nuit paisible. Je me sentais si bien que j'ai commencé à **siffler**. Je suis passé devant quelques personnes dans la rue, mais elles s'occupaient toutes de leurs affaires.

# Pertanyaan Pemahaman

1. Apa yang dilakukan tokoh utama ketika cerita dimulai?

2. Apa yang dipikirkan oleh sang tokoh utama ketika berjalan pulang ke rumah?

3. Apa yang biasa dilakukan sang tokoh utama bersama teman-temannya sepulang sekolah?

4. Apa yang dirindukan oleh sang tokoh utama tentang masa-masa itu?

5. Apa yang dipikirkan tokoh utama tentang kehidupan mereka saat ini?

6. Apa yang dilakukan tokoh utama ketika melihat bintang jatuh?

7. Bagaimana perasaan sang tokoh utama ketika mereka berjalan pulang ke rumah?

8. Apa yang dilakukan tokoh utama ketika mereka sampai di rumah?

9. Bagaimana perasaan tokoh utama ketika mereka bangun keesokan paginya?

10. Apa yang dilakukan tokoh utama keesokan harinya?

# Questions de compréhension

1. Que faisait le protagoniste au début de l'histoire ?

2. À quoi le protagoniste a-t-il pensé en rentrant chez lui ?

3. Qu'est-ce que le protagoniste avait l'habitude de faire avec ses amis après l'école ?

4. Qu'est-ce que le protagoniste regrette de cette époque ?

5. Que pense le protagoniste de sa vie actuelle ?

6. Que fait le protagoniste lorsqu'il voit une étoile filante ?

7. Que ressent le protagoniste lorsqu'il rentre à pied chez lui ?

8. Que fait le protagoniste lorsqu'il rentre chez lui ?

9. Que ressent le protagoniste lorsqu'il se réveille le lendemain matin ?

10. Que fait le protagoniste le lendemain ?

# Kastil

Keluarga ini selalu ingin mengunjungi kastil tua di **Jerman**, dan akhirnya mereka melakukan perjalanan. Mereka tidak **kecewa**. Kastil itu sangat indah, dan mereka senang menjelajahi banyak ruangan dan koridornya. Hal pertama yang membuat mereka terpana adalah baunya. Mereka menemukan **jamur**, kelembaban, dan sesuatu yang lain yang tidak bisa mereka tebak. Hal kedua adalah suaranya. Dinding batu memang tebal, tetapi tidak mematikan suara sepenuhnya. Mereka mendengar setiap langkah kaki, setiap kata yang diucapkan dengan suara normal, dan sesekali tetesan air **di suatu tempat** di kejauhan. Saat mata mereka menyesuaikan diri dengan cahaya redup, mereka melihat dinding batu besar menjulang di sekeliling mereka, permadani-permadani menggantung di sekelilingnya dalam keadaan robek-robek. Mereka berdiri di sebuah aula besar dengan langit-langit tinggi yang didukung oleh pilar-pilar berukir. Mereka juga menyukai pemandangan dari menara-menara, dan anak-anak bersenang-senang berlarian di sekitar halaman. **Matahari** sudah mulai terbenam pada saat mereka selesai menjelajahi kastil, dan mereka menyesal karena mereka tidak membawa **senter**. Mereka memutuskan untuk kembali ke pintu masuk, tetapi segera menemukan diri mereka tersesat. Mereka

# Le château

La famille avait toujours voulu visiter un vieux château en **Allemagne**, et elle a finalement fait le voyage. Ils n'ont pas été **déçus**. Le château était magnifique, et ils ont pris plaisir à explorer ses nombreuses pièces et couloirs. La première chose qui les frappe est l'odeur. Ils ont trouvé de la **moisissure**, de l'humidité et quelque chose d'autre qu'ils n'ont pas réussi à identifier. La deuxième chose a été le son. Les murs de pierre sont épais, mais ils n'étouffent pas complètement le son. Ils ont entendu chaque pas, chaque mot prononcé d'une voix normale, et le goutte-à-goutte occasionnel de l'eau **quelque part** au loin. Lorsque leurs yeux se sont adaptés à la faible lumière, ils ont vu des murs de pierre massifs se dresser tout autour d'eux, des tapisseries en **lambeaux y étant** suspendues. Ils se tenaient dans un immense hall avec un haut plafond soutenu par des piliers sculptés. Ils ont également aimé les vues depuis les tourelles, et les enfants ont eu beaucoup de plaisir à courir dans le parc. Le **soleil** avait commencé à se coucher lorsqu'ils ont fini d'explorer le château, et ils ont regretté de ne pas avoir apporté de **lampe de poche**. Ils ont décidé de retourner à l'entrée, mais ils se sont vite perdus. Ils errent pendant des heures, jusqu'à ce qu'ils trouvent enfin une porte qui mène à l'extérieur. Ils ont continué jusqu'à ce qu'ils **atteignent le** bout du

berkeliling selama berjam-jam, sampai akhirnya mereka menemukan sebuah pintu yang mengarah ke luar. Mereka terus berjalan sampai mereka **mencapai** ujung lorong dan sampai pada satu set pintu ganda yang mengesankan. Mencoba sekuat tenaga, pintu-pintu itu tidak mau bergerak. Pintu-pintu itu berderak **dengan tidak menyenangkan** tetapi tidak bergerak sedikit pun. Sepertinya siapa pun yang ada di sini sebelumnya pasti telah melewati sini dan menguncinya dari dalam. Akhirnya, mereka menemukan jalan keluar. Kelegaan menyelimuti mereka saat mereka melangkah keluar menuju udara malam yang sejuk.

Matahari mulai terbenam, dan mereka **menyesal** tidak membawa senter. Mereka memutuskan untuk kembali ke pintu masuk, tetapi segera menemukan diri mereka tersesat. Mereka berkeliling selama berjam-jam, sampai akhirnya mereka menemukan sebuah pintu yang mengarah ke **luar**. Kelegaan menyelimuti mereka saat mereka melangkah keluar menuju udara malam yang sejuk. Malam berikutnya, mereka memastikan untuk membawa senter saat mereka menjelajahi sisa kastil. Mereka berjalan melalui **halaman** dan turun ke sungai yang mengalir di belakang dinding **kastil.** Saat mereka berjalan-jalan, mereka mulai mendengar suara-suara aneh. Kedengarannya seperti ada seseorang yang mengikuti mereka. Mereka mempercepat langkah mereka, tetapi suara-suara itu semakin keras dan semakin dekat.

couloir et arrivent à une imposante série de doubles portes. Ils ont beau essayer, les portes ne bougent pas. Elles cliquettent **sinistrement** mais ne bougent pas d'un pouce. On dirait que celui qui était ici avant a dû passer par là et les verrouiller de l'intérieur. Finalement, ils ont trouvé un moyen de sortir. Le soulagement les envahit alors qu'ils sortent dans l'air frais de la nuit.

Le soleil avait commencé à se coucher, et ils **regrettaient de ne pas avoir** apporté de lampe de poche. Ils ont décidé de retourner à l'entrée, mais ils se sont vite perdus. Ils ont erré pendant ce qui leur a semblé être des heures, jusqu'à ce qu'ils trouvent enfin une porte qui menait à **l'extérieur**. Le soulagement les a envahis alors qu'ils sortaient dans l'air frais de la nuit. Le lendemain soir, ils ont pris soin d'emporter une lampe de poche pour explorer le reste du château. Ils ont traversé la **cour** et sont descendus jusqu'à la rivière qui coulait derrière les murs du **château**. Alors qu'ils se promenaient, ils ont commencé à entendre des bruits étranges. On aurait dit que quelqu'un les suivait. Ils accélèrent le pas, mais les bruits deviennent plus forts et plus proches.

# Pertanyaan Pemahaman

1. Apa yang dilakukan keluarga ketika mereka tersesat di kastil?

2. Bagaimana perasaan keluarga ketika mereka mengetahui bahwa itu hanyalah seorang pria lokal?

3. Apa yang dilakukan pria itu sehingga ia ditangkap?

4. Apakah hukuman bagi orang itu?

5. Suara apa yang didengar keluarga itu ketika mereka sedang berjalan?

6. Di manakah sosok berjubah gelap itu ketika keluarga melihatnya?

7. Apa yang dilakukan keluarga itu ketika mereka kembali ke kamar mereka?

8. Kapan keluarga itu pergi menjelajahi kastil lagi?

9. Hal apakah yang tidak bisa diketahui oleh keluarga itu?

10. Apa yang dilakukan keluarga itu sebelum mereka pergi menjelajahi kastil lagi?

# Questions de compréhension

1. Qu'a fait la famille lorsqu'elle s'est perdue dans le château ?

2. Comment la famille s'est-elle sentie quand elle a découvert que c'était juste un homme du coin ?

3. Qu'a fait l'homme qui a été arrêté ?

4. Quelle a été la sentence pour cet homme ?

5. Quel bruit la famille a-t-elle entendu pendant qu'elle marchait ?

6. Où était le personnage au manteau sombre quand la famille l'a vu ?

7. Qu'a fait la famille en rentrant dans sa chambre ?

8. Quand la famille est-elle repartie explorer le château ?

9. Quelle était la chose sur laquelle la famille n'arrivait pas à mettre le doigt ?

10. Qu'a fait la famille avant de retourner explorer le château ?

# Taman Saya

Kebun saya adalah tempat bahagia saya. Saya pergi ke sana setiap hari, hujan atau cerah, dan menghabiskan waktu merawat tanaman saya. Saya memiliki sedikit dari **semuanya-sayuran**, buah-buahan, bunga, herbal. Saya bahkan memiliki beberapa ekor ayam yang membantu mencegah hama. Saya memulai hari-hari saya di kebun dengan mengumpulkan telur dari ayam. Kemudian saya memeriksa sayuran saya, memastikan mereka mendapatkan cukup air dan sinar matahari. Saya menyiangi bedengan dan memusnahkan serangga yang mungkin **menyerang** tanaman. Setelah **semuanya** terurus, saya duduk santai dan menikmati kedamaian dan ketenangan alam.

Saya selalu senang menghabiskan waktu di kebun saya. Ada sesuatu tentang dikelilingi oleh alam dan semua **keindahan** yang ditawarkannya. Saya merasa ini adalah tempat yang sangat damai dan menenangkan. Saya sering menghabiskan waktu di kebun saya hanya untuk bersantai dan menikmati pemandangan. Saya juga menikmati bekerja di kebun saya dan menanam sesuatu. Saya memiliki kebun yang cukup luas, dan saya suka menanam berbagai hal yang **berbeda** di dalamnya. Saya menanam bunga, **sayuran**, dan rempah-rempah. Saya juga memiliki

# Mon jardin

Mon jardin est mon coin de paradis. J'y vais tous les jours, qu'il pleuve ou qu'il vente, et je passe du temps à m'occuper de mes plantes. J'ai un peu de **tout :** **légumes**, fruits, fleurs, herbes. J'ai même quelques poules qui m'aident à tenir les parasites à distance. Je commence mes journées dans le jardin en ramassant les œufs des poules. Puis je vérifie que mes légumes reçoivent suffisamment d'eau et de soleil. Je désherbe les plates-bandes et j'élimine les insectes qui pourraient **attaquer** les plantes. Une fois que **tout est** fait, je m'assois et je profite de la paix et du calme de la nature.

J'ai toujours aimé passer du temps dans mon jardin. Il y a quelque chose dans le fait d'être entouré par la nature et toute la **beauté qu'**elle a à offrir. Je trouve que c'est un endroit très paisible et apaisant. Je passe souvent du temps dans mon jardin à me détendre et à profiter du paysage. J'aime aussi travailler dans mon jardin et faire pousser des choses. J'ai un jardin d'assez bonne taille et j'aime y faire pousser toutes **sortes** de choses. Je fais pousser des fleurs, des **légumes** et des herbes aromatiques. J'ai aussi quelques arbres fruitiers qui produisent de délicieuses pommes, poires et prunes. En plus de faire pousser des choses, j'aime aussi passer du temps à me promener dans mon jardin,

beberapa pohon buah yang menghasilkan beberapa apel, pir, dan plum yang lezat. Selain menanam berbagai hal, saya juga senang menghabiskan waktu hanya dengan berjalan-jalan di sekitar kebun saya, **mengagumi** semua tanaman dan hewan yang berbeda yang menyebutnya sebagai rumah. Saya telah menghabiskan waktu berjam-jam selama bertahun-tahun untuk membuat **kebun** saya menjadi tempat yang tidak hanya indah tetapi juga fungsional. Saya suka melihat burung-burung beterbangan dan mendengarkan mereka bernyanyi. Kadang-kadang saya bahkan membawa buku dan membaca di taman sambil dikelilingi oleh semua keindahan yang telah saya ciptakan. **Berkebun** adalah hasrat saya dan itu memberi saya begitu banyak kegembiraan. Setiap hari di kebun saya adalah hari yang baik.

Salah satu hal yang saya suka lakukan adalah memasak, jadi memiliki kebun herbal yang lengkap sangat **penting** bagi saya. Thyme, basil, oregano, rosemary, sage, dan lavender adalah beberapa tanaman herbal yang saya suka tanam di kebun saya sehingga saya bisa menggunakannya saat memasak makanan untuk diri sendiri atau untuk **tamu**. Hal lain yang penting bagi saya dalam hal kebun saya adalah memastikan bahwa ada banyak warna di seluruh kebun saya. Untuk mencapai tujuan ini, saya menanam berbagai macam bunga, termasuk **mawar**, lili, aster, tulip, impatiens, marigold, dll.

à **admirer** toutes les plantes et tous les animaux qui y vivent. J'ai passé de nombreuses heures au fil des ans à faire de mon **jardin** un endroit non seulement beau mais aussi fonctionnel. J'aime regarder les oiseaux voltiger et les écouter chanter. Parfois, je sors même un livre et je lis dans le jardin, entourée de toute la beauté que j'ai créée. Le **jardinage** est ma passion et il m'apporte tant de joie. Chaque jour dans mon jardin est un bon jour.

L'une des choses que j'aime faire, c'est cuisiner. Il est donc très **important pour moi d'**avoir un jardin d'herbes aromatiques bien garni. Le thym, le basilic, l'origan, le romarin, la sauge et la lavande sont quelques-unes des herbes que j'aime faire pousser dans mon jardin pour pouvoir les utiliser lorsque je prépare des repas pour moi ou pour mes **invités**. Une autre chose qui est importante pour moi quand il s'agit de mon jardin, c'est de m'assurer qu'il y a beaucoup de couleurs dans tout le jardin. Pour atteindre cet objectif, je cultive une grande variété de fleurs, notamment des **roses**, des lys, des marguerites, des tulipes, des impatiens, des soucis, etc.

# Pertanyaan Pemahaman

1. Di manakah kebun penulis?

2. Berapa banyak ayam yang dimiliki penulis?

3. Apa yang dilakukan penulis di kebun setiap hari?

4. Mengapa penulis menyukai taman?

5. Tumbuhan apa yang ditanam oleh penulis di kebun?

6. Mengapa penting bagi penulis bahwa ada banyak warna di kebunnya?

7. Bagaimana cara penulis menghadirkan variasi ke kebunnya?

8. Bagaimana perasaan penulis ketika ia bekerja di kebunnya?

9. Apa yang membuat penulis merasa terhubung ketika ia berada di kebunnya?

10. Mengapa setiap hari di kebun penulis adalah hari yang baik?

# Questions de compréhension

1. Où se trouve le jardin de l'auteur ?

2. Combien de poulets l'auteur possède-t-il ?

3. Que fait l'auteur dans le jardin tous les jours ?

4. Pourquoi l'auteur aime-t-il le jardin ?

5. Quelles herbes l'auteur plante-t-il dans le jardin ?

6. Pourquoi est-il important pour l'auteur qu'il y ait beaucoup de couleurs dans son jardin ?

7. Comment l'auteur apporte-t-il de la variété à son jardin?

8. Que ressent l'auteur lorsqu'il travaille dans son jardin?

9. Qu'est-ce qui fait que l'auteur se sent connecté quand il est dans son jardin ?

10. Pourquoi chaque jour dans le jardin de l'auteur est-il un bon jour ?

# Pergi Berbelanja

Saya suka pergi **berbelanja** di mal. Selalu menyenangkan untuk berjalan-jalan dan melihat-lihat semua toko yang berbeda. Ada sesuatu untuk semua orang di mal, dan selalu menjadi tempat yang bagus untuk menemukan penawaran untuk pakaian, sepatu, dan aksesori. Saya **biasanya** memulai perjalanan belanja saya dengan berjalan melalui **pintu masuk** utama mal. Dari sana, saya menuju ke toko favorit saya terlebih dahulu. Setelah melihat-lihat toko-toko tersebut, saya akan berkeliling dan melihat apakah ada penjualan yang sedang berlangsung di tempat lain. Saya biasanya menghabiskan beberapa jam di mal sebelum akhirnya melakukan pembelian. Saya selalu ingin meluangkan waktu saat berbelanja **karena** saya ingin memastikan bahwa saya mendapatkan apa yang saya inginkan. Ditambah lagi, lebih menyenangkan seperti itu!

Saya selalu merasa sangat **menarik** untuk mengamati orang-orang saat saya berada di mal. Anda benar-benar dapat mengetahui banyak hal tentang seseorang dari cara mereka berbelanja. Beberapa orang sangat metodis dan meluangkan waktu mereka, sementara yang lain tampaknya hanya mengambil **apa pun yang** mereka bisa dan menuju ke kasir secepat mungkin.

# Faire du shopping

J'adore aller **faire du shopping** au centre commercial. C'est toujours très amusant de se promener et de regarder tous les différents magasins. Il y en a pour tous les goûts au centre commercial et c'est toujours l'endroit idéal pour faire des affaires sur les vêtements, les chaussures et les accessoires. Je commence **généralement** mon shopping en passant par l'**entrée** principale du centre commercial. De là, je me dirige d'abord vers mes magasins préférés. Après avoir fait le tour de ces magasins, je me promène pour voir s'il y a des soldes dans d'autres endroits. Je finis généralement par passer quelques heures dans le centre commercial avant de faire mes achats. J'aime toujours prendre mon temps lorsque je fais du shopping, **car** je veux être sûre d'obtenir **exactement** ce que je veux. En plus, c'est plus amusant comme ça !

Je trouve toujours **fascinant** d'observer les gens quand je suis au centre commercial. On peut vraiment en apprendre beaucoup sur une personne par sa façon de faire ses courses. Certaines personnes sont très méthodiques et prennent leur temps, tandis que d'autres semblent prendre **tout ce qu'**elles peuvent et se diriger vers la caisse aussi vite que possible. Il y a aussi les acheteurs qui semblent plus intéressés

Ada juga pembeli yang tampaknya lebih tertarik untuk berbicara di ponsel mereka atau mengirim SMS daripada benar-benar melihat barang dagangan apa pun! Namun, apa pun jenis pembelanja Anda, semua orang tampaknya menikmati window shopping - bahkan jika Anda tidak benar-benar membeli apa pun. Ada sesuatu tentang melihat semua barang cantik di **jendela** toko yang membuat saya bahagia. Kadang-kadang saya berkhayal, bagaimana jadinya jika saya bisa membeli **semua yang** saya lihat! Secara keseluruhan, menghabiskan waktu seharian berbelanja di mal adalah salah satu hiburan favorit saya. Ini adalah cara yang bagus untuk bersantai dan melepas penat sekaligus berolahraga (jika Anda cukup banyak berjalan-jalan). Ditambah lagi, **selalu** menyenangkan untuk memanjakan diri Anda dengan kemeja atau sepasang sepatu baru sesekali!

Saya mengalami hari yang **panjang** di tempat kerja dan akhirnya memiliki waktu untuk diri saya sendiri, jadi saya memutuskan untuk pergi berbelanja di mal. Saya membutuhkan beberapa pakaian baru untuk musim yang **akan datang.** Begitu saya masuk, saya melihat semua lampu terang dan etalase toko yang mengkilap. Saya menuju ke toko favorit saya terlebih dahulu dan mulai melihat-lihat rak. Saya menemukan beberapa atasan yang lucu dan mencobanya di ruang ganti.

à parler au téléphone portable ou à envoyer des SMS qu'à regarder la marchandise ! Quel que soit le type d'acheteur, tout le monde semble apprécier le lèche-vitrine, même si vous n'achetez rien. Il y a quelque chose qui me rend heureuse dans le fait de regarder toutes ces jolies choses dans les **vitrines des magasins**. Parfois, je m'imagine comment ce serait si je pouvais m'offrir **tout ce que** je vois ! En fin de compte, passer une journée à faire du shopping au centre commercial est l'un de mes passe-temps favoris. C'est un excellent moyen de se détendre et de se relaxer tout en faisant un peu d'exercice (si vous marchez suffisamment). Et puis, c'est **toujours** agréable de s'offrir une nouvelle chemise ou une nouvelle paire de chaussures de temps en temps !

J'ai eu une **longue** journée de travail et j'ai enfin eu du temps pour moi, alors j'ai décidé d'aller faire du shopping au centre commercial. J'avais besoin de nouveaux vêtements pour la saison **à venir**. Dès que je suis entrée, j'ai vu toutes les lumières vives et les façades brillantes des magasins. Je me suis dirigée vers mon magasin préféré en premier et j'ai commencé à parcourir les rayons. J'ai trouvé quelques jolis hauts et les ai essayés dans la cabine d'essayage.

# Pertanyaan Pemahaman

1. Di mana Anda paling suka menyimpan?

2. Apa toko favorit Anda di mal?

3. Berapa lama Anda biasanya berada di mal?

4. Apa pendapat Anda tentang orang-orang yang menghabiskan banyak waktu di mal?

5. Apa hal favorit Anda untuk dilakukan di mal?

6. Pernahkah Anda membeli sesuatu di mal ketika Anda tidak benar-benar membutuhkannya?

7. Bagaimana reaksi Anda ketika melihat sesuatu di mal yang sangat Anda sukai, tetapi harganya terlalu mahal?

8. Pernahkah Anda melihat sesuatu di mal dan bertanya-tanya siapa yang akan membelinya?

9. Apa pendapat Anda tentang orang-orang yang sibuk dengan ponsel mereka di mal daripada melihat-lihat toko?

# Questions de compréhension

1. Où aimez-vous le plus stocker ?

2. Quel est votre magasin préféré dans le centre commercial ?

3. Combien de temps restez-vous habituellement au centre commercial ?

4. Que pensez-vous des personnes qui passent beaucoup de temps au centre commercial ?

5. Quelle est votre activité préférée au centre commercial ?

6. Avez-vous déjà acheté quelque chose au centre commercial alors que vous n'en aviez pas vraiment besoin ?

7. Comment réagissez-vous lorsque vous voyez au centre commercial un article que vous aimeriez vraiment, mais qui est trop cher ?

8. Avez-vous déjà vu quelque chose au centre commercial en vous demandant qui l'achèterait ?

9. Que pensez-vous des personnes qui sont occupées avec leur téléphone portable dans les centres commerciaux au lieu de regarder les magasins ?

# Di Pasar

Saya bangun pagi-pagi sekali pada hari Sabtu pagi, ingin sekali pergi ke **pasar** sebelum terlalu ramai. Saya mengenakan pakaian dan keluar dari pintu, mengambil tas yang dapat digunakan kembali di jalan. Sambil berjalan, saya mulai merencanakan apa yang ingin saya buat untuk minggu depan. Saya tahu saya ingin **memanggang** sayuran setidaknya sekali, jadi saya harus membeli beberapa sayuran berkualitas baik. Saya juga ingin membuat sup atau rebusan, jadi saya juga perlu membeli daging. Saya harus melihat apa yang terlihat bagus ketika saya sampai di sana. Pasarnya hanya beberapa blok jauhnya, dan saya sudah bisa melihat kios-kios yang didirikan dan **orang-orang yang** berkeliaran.

Saya tiba di pasar dan langsung menuju kios sayuran. Pilihannya indah, dan saya mengisi tas saya dengan berbagai produk **segar.** Saya mengobrol sebentar dengan petani, dan dia merekomendasikan beberapa resep untuk saya. Saya bersemangat untuk mencobanya. Saya mengobrol dengan para **petani** sambil berbelanja, mengenal mereka dan produk mereka. Setelah saya mendapatkan semua sayuran yang saya butuhkan, saya beralih ke bagian daging. Saya sedikit lebih ragu-ragu di sini, karena saya tidak yakin apa yang ingin saya beli. Akhirnya saya

# Au marché

Je me réveille tôt le samedi matin, impatiente de me rendre au **marché** avant qu'il ne soit trop fréquenté. Je m'habille et je sors, en prenant mes sacs réutilisables en chemin. En marchant, je commence à planifier ce que je veux faire pour la semaine à venir. Je sais que je veux faire **rôtir des** légumes au moins une fois, donc je vais devoir acheter des légumes de bonne qualité. Je veux aussi faire une soupe ou un ragoût, et je vais donc devoir acheter de la viande. Je verrai bien ce qui me semble bon quand je serai sur place. Le marché n'est qu'à quelques rues d'ici, et je vois déjà les étals installés et les **gens qui** s'agitent.

J'arrive au marché et me dirige directement vers le stand des légumes. La sélection est magnifique, et je remplis mes sacs d'une variété de produits **frais**. Je discute un peu avec le fermier et il me recommande quelques recettes. J'ai hâte de les essayer. Je discute avec les **agriculteurs** pendant que je fais mes courses, pour apprendre à les connaître et à connaître leurs produits. Après avoir acheté tous les légumes dont j'ai besoin, je passe à la section des viandes. Je suis un peu plus hésitante, car je ne suis pas sûre de ce que je veux acheter. J'opte finalement pour du poulet, car il est polyvalent et peut être utilisé dans de nombreux plats. J'achète également quelques morceaux de

memutuskan untuk membeli daging ayam, karena daging ayam serbaguna dan dapat digunakan dalam berbagai hidangan. Saya juga membeli beberapa potongan daging yang berbeda, memastikan untuk mendapatkan daging sapi yang diberi makan rumput dan **ayam** kampung. Tukang daging itu adalah seorang pria yang ramah, selalu ceria meskipun ia bekerja berjam-jam. Dia membungkus dada ayam dan steak saya sebelum mengobrol dengan saya tentang rencana akhir pekannya. Saya mengucapkan selamat tinggal kepadanya dan melanjutkan perjalanan. Saya juga membeli beberapa telur dan keju dari bagian produk susu.

Pasar itu ramai dengan orang-orang, semuanya ingin mendapatkan hasil bumi dan daging segar yang ditawarkan. Udara terasa kental dengan aroma bawang putih dan bawang bombay, dan suara tawa serta percakapan memenuhi udara. Saya berjalan melewati kerumunan, memilih barang-barang lain yang saya butuhkan untuk belanja mingguan saya. Saya mengisi **keranjang** saya dengan buah dan sayuran, pasta dan roti, sebelum menuju ke kasir. Antriannya panjang, tetapi bergerak dengan cepat. Akhirnya, **belanjaan** terakhir dibeli, dan tiba saatnya untuk pulang. Mobil sudah terisi penuh, dan perjalanan pulang terasa lama dan membosankan. Lalu lintas sangat padat dan panasnya menindas. Akhirnya, mobil berhenti di jalan masuk dan kelegaannya terasa jelas.

viande différents, en veillant à prendre du bœuf nourri à l'herbe et du **poulet** élevé en plein air. Le boucher est un homme sympathique, toujours de bonne humeur malgré ses longues heures de travail. Il a emballé mes blancs de poulet et mon steak avant de me parler de ses projets pour le week-end. Je lui ai dit au revoir et j'ai continué mon chemin. J'ai également acheté des œufs et du fromage au rayon produits laitiers.

Le marché grouille de gens, tous impatients de mettre la **main sur les** produits frais et la viande proposés. L'odeur de l'ail et des oignons flottait dans l'air, et le son des rires et des conversations était omniprésent. Je me suis frayé un chemin dans la foule, en choisissant les autres articles dont j'avais besoin pour mes courses de la semaine. J'ai rempli mon **panier** de fruits et légumes, de pâtes et de pain, avant de me diriger vers la caisse. La file d'attente est longue, mais elle avance rapidement. Enfin, j'ai acheté les dernières **provisions et il est** temps de rentrer à la maison. La voiture est chargée, et le chemin du retour est long et fastidieux. La circulation est dense et la chaleur est accablante. Enfin, la voiture se gare dans l'allée et le soulagement est palpable.

# Pertanyaan Pemahaman

1. Ke mana orang tersebut pergi?

2. Apa yang ingin dibeli oleh orang tersebut?

3. Berapa banyak tas yang dimiliki orang tersebut?

4. Seberapa jauh jarak pasar?

5. Apa yang sedang dilakukan orang tersebut sekarang?

6. Apa saja yang ada di pasar?

7. Berapa banyak orang yang ada di pasar?

8. Berapa lama waktu yang dibutuhkan orang tersebut untuk membeli semuanya?

9. Bagaimana orang tersebut pulang ke rumah?

10. Apa yang dilakukan orang tersebut ketika sampai di rumah?

# Questions de compréhension

1. Où va la personne ?

2. Que veut acheter la personne ?

3. Combien de sacs la personne possède-t-elle ?

4. A quelle distance se trouve le marché ?

5. Que fait la personne en ce moment ?

6. Que se passe-t-il sur le marché ?

7. Combien y a-t-il de personnes sur le marché ?

8. Combien de temps a-t-il fallu à la personne pour tout acheter ?

9. Comment la personne est-elle rentrée chez elle ?

10. Qu'a fait la personne en rentrant chez elle ?

# Di Kafe

Saat itu adalah pagi **musim gugur yang** dingin, dan saya telah mengatur untuk bertemu teman saya Lily di kafe favorit kami untuk minum kopi. Saya membungkus diri dengan mantel dan syal hangat dan berangkat. Daun-daun berguguran dari pepohonan dan udara terasa dingin, tetapi matahari bersinar dan menjanjikan hari yang indah. Sambil berjalan, saya **berpikir** tentang betapa senangnya memiliki teman seperti Lily. Kami telah berteman selama bertahun-tahun, sejak kami bertemu di **universitas**. Kami terikat karena kecintaan kami pada kopi dan menghabiskan waktu mengobrol di kafe. Meskipun kami sekarang tinggal di bagian kota yang berbeda, kami masih bisa bertemu untuk minum kopi seminggu sekali. Saya tiba di kafe, dan Lily sudah ada di sana, menunggu saya. Kami saling berpelukan dan kemudian memesan kopi kami. Kami menemukan meja di dekat jendela dan duduk untuk mengobrol. **Kopinya** enak, seperti biasa, dan sangat menyenangkan bisa mengobrol dengan Lily. Kami berbicara tentang minggu kami, pekerjaan kami, dan rencana kami untuk masa depan. Selalu begitu mudah untuk berbicara dengan Lily, dan saya merasa seperti saya bisa menceritakan apa saja kepadanya. Setelah beberapa saat, kami mulai merasa lapar dan **memutuskan** untuk memesan makanan.

# Dans un café

C'était un matin d'**automne** frisquet, et j'avais donné rendez-vous à mon amie Lily dans notre café préféré pour prendre un café. Je me suis enveloppée chaudement dans mon manteau et mon écharpe et je suis partie. Les feuilles tombaient des arbres et l'air était glacial, mais le soleil brillait et la journée promettait d'être magnifique. Tout en marchant, j'ai **pensé** à quel point c'était bien d'avoir une amie comme Lily. Nous étions amies depuis des années, depuis notre rencontre à l'**université**. Nous nous sommes liées par notre amour du café et du temps passé à discuter dans les cafés. Même si nous vivions dans des quartiers différents de la ville, nous nous retrouvions pour prendre un café une fois par semaine. Je suis arrivé au café, et Lily était déjà là, à m'attendre. Nous nous sommes embrassées et avons commandé nos cafés. Nous avons trouvé une table près de la fenêtre et nous nous sommes installées pour discuter. Le **café** était délicieux, comme toujours, et c'était si agréable de rattraper le temps perdu avec Lily. Nous avons parlé de notre semaine, de nos emplois et de nos projets pour l'avenir. C'était toujours si facile de parler à Lily, et j'avais l'impression que je pouvais tout lui dire. Après un moment, nous avons commencé à avoir faim et **avons décidé** de commander de la nourriture.

Kami **memesan** makanan kami dan menemukan tempat duduk di dekat jendela. Matahari bersinar melalui jendela, membuat semuanya terasa hangat dan bahagia. Kami mengobrol sambil menyantap makanan kami, menikmati kesenangan sederhana karena **ditemani** satu sama lain. Kafe itu sibuk, tetapi tidak terasa ramai. Ada perasaan damai dan puas di udara. Saat kami menghabiskan makanan kami, kami duduk lebih lama, hanya menikmati **suasana** damai. Kami berbincang-bincang sejenak tentang berbagai hal yang telah terjadi dalam hidup kami. Senang sekali bisa bercengkerama dengan teman saya dan **bersantai**. Matahari bersinar melalui jendela, dan rasanya **tidak ada yang** bisa merusak hari sempurna kami.

Tiba-tiba, saya mendengar suara benturan keras. Saya berbalik untuk melihat seorang pria telah jatuh melalui langit-langit dan tergeletak di lantai di depan kami. Dia **tertutup** debu dan puing-puing dan tampak tidak sadarkan diri. Teman saya dan saya sama-sama terkejut saat kami menatap pria yang tergeletak di lantai. Kami tidak tahu apa yang harus kami lakukan atau siapa yang harus kami mintai pertolongan. Kami hanya duduk di sana menatapnya, tidak tahu apa yang harus dilakukan. Setelah beberapa menit, saya tersadar dan menelepon 911. Operator mengatakan kepada saya bahwa seseorang akan segera datang. Saya menutup telepon dan mengatakan kepada teman saya apa yang dikatakan **operator.**

Nous avons **commandé notre** nourriture et trouvé un siège près de la fenêtre. Le soleil brillait à travers la fenêtre, rendant le tout chaleureux et joyeux. Nous avons bavardé en mangeant, appréciant le simple plaisir d'être en **compagnie de l'autre**. Le café était occupé, mais il n'y avait pas de foule. Il y avait un sentiment de paix et de satisfaction dans l'air. Après avoir terminé notre repas, nous sommes restés assis un moment de plus, profitant de l'**atmosphère** paisible. Nous avons parlé pendant un moment de différentes choses qui avaient eu lieu dans nos vies. C'était si agréable de rattraper le temps perdu avec mon ami et de **se détendre**. Le soleil brillait à travers la fenêtre, et c'était comme si **rien ne** pouvait gâcher notre journée parfaite.

Soudain, j'ai entendu un grand fracas. Je me suis retourné pour voir qu'un homme avait traversé le plafond et gisait sur le sol devant nous. Il était **couvert** de poussière et de débris et semblait être inconscient. Mon ami et moi étions tous deux sous le choc en regardant l'homme allongé sur le sol. Nous ne savions pas quoi faire ni qui appeler à l'aide. Nous sommes restés assis là, à le regarder, sans savoir quoi faire. Après quelques minutes, je me suis ressaisie et j'ai appelé le 911. L'opérateur m'a dit que quelqu'un arriverait bientôt. J'ai raccroché le téléphone et j'ai raconté à mon ami ce que l'**opérateur avait** dit.

# Pertanyaan Pemahaman

1. Dari mana asal orang yang jatuh dari atap?

2. Mengapa wanita itu bersama temannya di kafe?

3. Apa kafe favorit kedua sahabat itu?

4. Sudah berapa lama kedua sahabat itu saling mengenal satu sama lain?

5. Apa minuman favorit kedua sahabat itu?

6. Di kota manakah kedua sahabat itu tinggal?

7. Seberapa sering kedua sahabat itu bertemu?

8. Apa yang dibicarakan oleh kedua sahabat ini ketika mereka pertama kali bertemu di kafe favorit mereka?

9. Apa makanan favorit kedua sahabat itu?

10. Mengapa begitu mudah berbicara dengan Lily?

# Questions de compréhension

1. D'où vient l'homme qui tombe à travers le toit ?

2. Pourquoi la femme est-elle avec son ami dans le café ?

3. Quel est le café préféré des deux amis ?

4. Depuis combien de temps les deux amis se connaissent-ils ?

5. Quelle est la boisson préférée des deux amis ?

6. Dans quelle ville vivent les deux amis ?

7. Combien de fois les deux amis se rencontrent-ils ?

8. De quoi parlent les deux amis lorsqu'ils se rencontrent pour la première fois dans leur café préféré ?

9. Quel est le plat préféré des deux amis ?

10. Pourquoi c'est si facile de parler à Lily ?

# Pergi Berenang

Kolam renang selalu menjadi tempat yang **menyegarkan**, dan hari ini tidak berbeda. Matahari bersinar dan airnya tampak mengundang. Saya menarik napas dalam-dalam dan terjun ke dalam, merasakan sejuknya pelukan air. Saya berenang berputar-putar sebentar, menikmati latihan dan kesempatan untuk menjernihkan pikiran saya. Setelah beberapa saat, saya keluar dan mengeringkan diri, lalu duduk di atas handuk untuk bersantai di bawah sinar matahari. Saya memejamkan mata dan membiarkan **kehangatan** membasahi saya, merasakan otot-otot saya mulai rileks. Tiba-tiba, saya mendengar percikan air dan membuka mata saya untuk melihat adik perempuan saya **mendayung** di sekitar perairan dangkal. Saya tersenyum dan mengamatinya sebentar, lalu berdiri dan berjalan ke arahnya. Kami mengobrol sebentar dan mendayung bersama, menikmati kebersamaan satu sama lain. Tak lama kemudian, orang tua kami bergabung dengan kami, dan kami menghabiskan sisa sore hari dengan berenang dan bermain game bersama. Selalu menyenangkan menghabiskan waktu bersama keluarga di kolam renang. Ada **sesuatu** tentang berada di dalam air yang tampaknya menyatukan orang-orang. Mungkin karena kita semua sama ketika berada di dalam air-

# Aller nager

La piscine était toujours un endroit **rafraîchissant**, et aujourd'hui n'était pas différent. Le soleil brillait et l'eau semblait invitante. J'ai pris une profonde inspiration et j'ai plongé, sentant l'étreinte fraîche de l'eau. J'ai fait des longueurs pendant un moment, appréciant l'exercice et la possibilité de me vider la tête. Au bout d'un moment, je suis sorti et me suis séché, puis je me suis assis sur une serviette pour me détendre au soleil. J'ai fermé les yeux et laissé la **chaleur** m'envahir, sentant mes muscles se détendre. Soudain, j'ai entendu une éclaboussure et j'ai ouvert les yeux pour voir ma petite sœur **pagayer dans la** partie peu profonde. J'ai souri et je l'ai regardée pendant un moment, puis je me suis levée et je suis allée vers elle. Nous avons bavardé un peu et pataugé ensemble, appréciant la compagnie de l'autre. Nos parents nous ont bientôt rejoints et nous avons passé le reste de l'après-midi à nager et à jouer ensemble. C'était toujours très agréable de passer du temps avec la famille à la piscine. Il y a **quelque chose** dans le fait d'être dans l'eau qui semble rassembler les gens. Peut-être est-ce parce que nous sommes tous égaux lorsque nous sommes dans l'eau - nous ne pouvons pas cacher nos défauts ou prétendre être ce que nous ne sommes pas. Ou peut-être est-ce simplement parce que c'est amusant ! **Quelle que soit la** raison, j'étais simplement heureuse que nous

kita tidak bisa menyembunyikan kekurangan kita atau berpura-pura menjadi sesuatu yang bukan diri kita. Atau mungkin hanya karena itu menyenangkan! **Apa pun** alasannya, saya senang bahwa kami semua bisa berkumpul dan menikmati kebersamaan satu sama lain di tempat yang begitu istimewa.

Matahari menyengat kulit saya dan bau klorin tercium di udara. Saya bisa mendengar suara anak-anak tertawa dan bermain air di kolam renang. Saya sedang berbaring di kursi **santai** di samping kolam renang, berjemur di bawah sinar matahari dan **menikmati** hari. Mata saya terpejam dan baru saja akan tertidur ketika saya mendengar seseorang berjalan ke arah saya. Saya membuka mata saya dan melihat seorang wanita berdiri di samping saya. Dia mengenakan bikini dan handuk melilit pinggangnya. Dia memiliki rambut pirang panjang dan mata biru. Dia memegang sebotol **tabir surya** di tangannya. "Apakah Anda keberatan jika saya mengoleskan tabir surya di punggung Anda?" tanyanya. "Tidak, tidak apa-apa," kataku, duduk sehingga dia bisa mencapai punggungku. Saya merasakan tangannya di kulit saya saat dia mengoleskan tabir surya.

puissions tous nous réunir et profiter de la compagnie des autres dans un endroit aussi spécial.

Le soleil tapait sur ma peau et l'odeur du chlore flottait dans l'air. J'entendais le bruit des enfants qui riaient et barbotaient dans la piscine. J'étais allongée sur une chaise **longue près de la** piscine, profitant du soleil et **de la** journée. J'avais les yeux fermés et j'étais sur le point de m'endormir lorsque j'ai entendu quelqu'un s'approcher de moi. J'ai ouvert les yeux et j'ai vu une femme debout à côté de moi. Elle portait un bikini et avait une serviette enroulée autour de sa taille. Elle avait de longs cheveux blonds et des yeux bleus. Elle tenait une bouteille de **crème solaire** dans sa main. "Ça te dérange si je mets de la crème solaire sur ton dos ?" a-t-elle demandé. "Non, ça va", ai-je répondu, en me redressant pour qu'elle puisse atteindre mon dos. J'ai senti ses mains sur ma peau alors qu'elle appliquait la crème solaire.

# Pertanyaan Pemahaman

1. Di manakah sang narator ketika ia memulai cerita?

2. Apa yang dicium oleh narator ketika ia membuka matanya?

3. Apa yang didengar narator ketika ia membuka matanya?

4. Tabir surya siapakah yang diberikan wanita itu kepada narator?

5. Apa yang diimpikan oleh sang narator?

6. Mengapa berenang di laut begitu istimewa bagi sang narator?

7. Bagaimana rasanya air tempat narator berenang?

8. Apa yang dilihat narator ketika ia keluar dari air?

9. Apa yang dilakukan wanita itu setelah ia mengoleskan tabir surya pada narator?

10. Apa yang dibicarakan oleh narator dan wanita itu di akhir cerita?

# Questions de compréhension

1. Où se trouvait le narrateur lorsqu'il a commencé l'histoire ?

2. Que sent le narrateur lorsqu'il ouvre les yeux ?

3. Qu'entend le narrateur lorsqu'il ouvre les yeux ?

4. A qui la femme donne-t-elle de la crème solaire au narrateur ?

5. De quoi le narrateur rêve-t-il ?

6. Pourquoi la baignade dans la mer est-elle si spéciale pour le narrateur ?

7. quelle est la sensation de l'eau dans laquelle nage le narrateur ?

8. Que voit le narrateur quand il sort de l'eau ?

9. Que fait la femme après avoir mis la crème solaire sur le narrateur ?

10. De quoi le narrateur et la femme parlent-ils à la fin de l'histoire ?

# Memotong Rumput

Saat itu pukul 10 pagi di hari **Sabtu** musim panas, dan matahari sudah menyengat tanpa ampun. Anda berjalan dengan susah payah ke garasi untuk mengambil mesin pemotong rumput, merasa seperti sedang **dihukum** kerja paksa. Anda mulai memotong rumput, memastikan untuk memotong rumput dengan baik dan pelan agar tidak ada bagian yang terlewatkan. Saat Anda memotong rumput, Anda berpikir tentang betapa menyenangkan rasanya berada di luar ruangan dengan udara segar. Saat Anda mulai mendorong mesin pemotong rumput bolak-balik di halaman, Anda melihat tetangga Anda dari sudut **mata Anda**. Anda melambaikan tangan dan menyapanya, dan dia membalas lambaiannya.

Setelah beberapa menit, Anda selesai, dan Anda pergi ke rumah tetangga Anda untuk minum bir bersamanya di taman depan. Hari itu adalah hari **yang** sempurna-tidak terlalu panas, dengan angin sepoi-sepoi yang bertiup lembut. Anda duduk di sana di bawah naungan pohon, menyeruput bir Anda dan mengobrol dengan tetangga Anda. Hari-hari seperti inilah yang membuat Anda menghargai musim panas. Kemudian Anda masuk ke dalam untuk minum bir yang memang layak. Anda menjatuhkan diri di kursi di teras depan dan membuka kalengnya, menghela napas puas.

# Tonte de la pelouse

Il est 10 heures du matin, un **samedi d'**été, et le soleil tape déjà sans pitié. Vous vous frayez un chemin jusqu'au garage pour aller chercher la tondeuse à gazon, avec l'impression d'être **condamné** aux travaux forcés. Vous commencez à tondre la pelouse, en veillant à aller doucement pour ne pas manquer d'endroits. Pendant que vous tondez, vous pensez à tout le bien que cela fait d'être dehors à l'air frais. Alors que vous commencez à pousser la tondeuse d'avant en arrière sur la pelouse, vous apercevez votre voisin du coin de l'œil. Vous lui faites signe et lui dites bonjour, et il vous répond.

Après quelques minutes, vous avez terminé, et vous vous rendez chez votre voisin pour prendre une bière avec lui dans le jardin de devant. C'est une journée **parfaite**, il ne fait pas trop chaud et une légère brise souffle. Vous êtes assis à l'ombre de l'arbre, sirotant votre bière et discutant avec votre voisin. Ce sont des jours comme celui-ci qui vous font apprécier l'été. Puis vous rentrez à l'intérieur pour prendre une bière bien méritée. Vous vous installez sur une chaise sous le porche et ouvrez la canette, en poussant un soupir de satisfaction. Le bruit de la tondeuse s'estompe et vous vous détendez à l'ombre, profitant de la **tranquillité du** moment. La bière a un goût extra bon après tout ce

Suara mesin pemotong rumput memudar menjadi latar belakang saat Anda bersantai di tempat teduh, menikmati **kedamaian** saat itu. Bir terasa sangat enak setelah semua kerja keras di tengah cuaca panas. Saya hendak masuk ke dalam ketika mendengar suara di sebelah.

**Kedengarannya** seperti ada yang menangis. Saya berhenti memotong rumput dan berjalan ke pagar yang memisahkan pekarangan kami. Saya mengintip dan melihat tetangga saya, Nyonya Johnson, menangis di ayunan teras rumahnya. Saya memanggilnya, tetapi dia tidak mendengar saya. Saya memanjat pagar dan berjalan ke arahnya. "Nyonya Johnson, apakah Anda baik-baik saja?" Saya bertanya. Dia menatap saya dengan air mata berlinang dan menggelengkan kepalanya. "Tidak, saya tidak baik-baik saja," katanya. "Kucing saya mati kemarin." Saya terkejut. Saya tidak tahu harus berkata apa. Saya hanya berdiri di sana dengan canggung, tidak tahu apa yang harus saya lakukan. Akhirnya, saya meletakkan tangan saya di **bahunya** dan berkata, "Saya turut berduka cita, Nyonya Johnson. Jika ada yang bisa saya lakukan untuk membantu, tolong beri tahu saya. " Dia menggelengkan kepalanya dan berkata, "Tidak, **tidak ada** yang bisa dilakukan siapa pun." Kemudian dia bangkit dan masuk ke dalam rumahnya. Saya berdiri di sana sejenak, tidak tahu apa yang harus saya lakukan.

dur travail dans la chaleur. J'étais sur le point de rentrer quand j'ai entendu un bruit à côté.

**On aurait dit que** quelqu'un pleurait. J'ai arrêté de tondre et j'ai marché jusqu'à la clôture qui séparait nos jardins. J'ai jeté un coup d'œil par-dessus et j'ai vu ma voisine, Mme Johnson, pleurer sur sa balançoire sous le porche. Je l'ai appelée, mais elle ne m'a pas entendue. J'ai escaladé la clôture et j'ai marché jusqu'à elle. "Mme Johnson, vous allez bien ?" J'ai demandé. Elle a levé les yeux vers moi, les larmes aux yeux, et a secoué la tête. "Non, je ne vais pas bien", a-t-elle dit. "Mon chat est mort hier." J'étais choquée. Je n'ai pas su quoi dire. Je suis restée là, maladroitement, sans savoir quoi faire. Finalement, j'ai posé ma main sur son **épaule** et j'ai dit : "Je suis vraiment désolée, Mme Johnson. Si je peux faire quelque chose pour vous aider, faites-le moi savoir". "Elle a secoué la tête et a dit : "Non, il **n'y a rien que** personne ne puisse faire". Puis elle s'est levée et est entrée dans sa maison. Je suis resté là un moment, ne sachant pas quoi faire.

# Pertanyaan Pemahaman

1. Jam berapa sekarang?

2. Di manakah orang yang sedang memotong rumput?

3. Bagaimana perasaan orang tersebut?

4. Mengapa orang tersebut harus memotong rumput secara perlahan-lahan?

5. Cuaca seperti apa itu?

6. Apa yang dilakukan orang tersebut setelah memotong rumput?

7. Apa yang didengar orang tersebut sebelum pulang ke rumah?

8. Siapa yang bersama Nyonya Johnson?

9. Mengapa Ibu Johnson menangis?

10. Apa yang dikatakan orang itu kepada Nyonya Johnson?

# Questions de compréhension

1. Quelle heure est-il ?

2. Où se trouve la personne qui tond ?

3. Comment la personne se sent-elle ?

4. Pourquoi la personne doit-elle tondre lentement ?

5. Quel est le temps qu'il fait ?

6. Que fait la personne après avoir fauché ?

7. Qu'entend la personne avant de rentrer chez elle ?

8. Qui est avec Mme Johnson ?

9. Pourquoi Mme Johnson pleure-t-elle ?

10. Que dit la personne à Mme Johnson ?

# Memotong Rambut

Saya sudah berminggu-minggu bermaksud untuk memotong rambut, tetapi entah bagaimana selalu berhasil menundanya. Tetapi dengan **Natal yang sudah** dekat, saya tahu saya tidak bisa menundanya lebih lama lagi. Saya tidak ingin datang ke acara makan malam Natal keluarga saya dengan penampilan berantakan. Jadi, pagi-pagi sekali pada hari Natal, saya pergi ke salon. Meskipun masih pagi, salon itu sudah sibuk dengan orang-orang lain **yang** menata rambut mereka untuk liburan. Saya mengambil tempat saya di antrean dan menunggu giliran saya. Akhirnya, tiba giliran saya di kursi. Penata rambut, seorang wanita ramah bernama Jill, bertanya apa yang saya inginkan. "Hanya memangkas rambut, tidak terlalu drastis," jawab saya. Jill mulai bekerja, memotong rambut saya. Saat dia bekerja, saya mulai rileks. Rasanya menyenangkan akhirnya bisa merawat diri saya sendiri. Akhir-akhir ini saya begitu sibuk, berlarian mengurus orang lain, sehingga saya membiarkan kebutuhan saya sendiri terabaikan. Tapi sekarang tidak **lagi**. Mulai sekarang, saya akan meluangkan waktu untuk diri saya sendiri.

Ketika Jill selesai, saya melihat ke cermin dan senang dengan apa yang saya lihat. Rambut saya terlihat rapi

# Se faire couper les cheveux

Cela faisait des semaines que je voulais me faire couper les cheveux, mais j'arrivais toujours à remettre ça à plus tard. Mais à l'approche de **Noël, je** savais que je ne pouvais plus attendre. Je ne voulais pas me présenter au dîner de Noël de ma famille avec une coiffure débraillée. Alors, tôt le matin de Noël, je me suis rendue au salon. Même s'il était tôt, le salon était déjà occupé par d'autres personnes qui **se faisaient** coiffer pour les fêtes. J'ai pris ma place dans la file d'attente et j'ai attendu mon tour. Enfin, c'était mon tour sur la chaise. La styliste, une femme sympathique nommée Jill, m'a demandé ce que je voulais. "Juste une coupe, rien de trop radical", ai-je répondu. Jill s'est mise au travail, coupant mes cheveux. Pendant qu'elle travaillait, j'ai commencé à me détendre. C'était bon de prendre enfin soin de moi. J'avais été tellement occupé ces derniers temps, à courir partout pour m'occuper de tout le monde, que j'avais laissé mes propres besoins de côté. Mais plus **maintenant**. A partir de maintenant, j'allais prendre du temps pour moi.

Lorsque Jill a terminé, je me suis regardée dans le miroir et j'étais ravie de ce que je voyais. Mes cheveux étaient soignés et polis, parfaits pour les fêtes de fin d'année. J'ai **remercié** Jill et j'ai noté **mentalement** de

dan dipoles-sempurna untuk pertemuan liburan. Saya **berterima kasih kepada** Jill dan membuat catatan **mental** untuk lebih sering kembali. Mulai sekarang, saya akan merawat diri saya sendiri terlebih dahulu dan terutama. Dia mulai bekerja memotong-motong rambut saya. Saya berpikir tentang betapa bersyukurnya saya bahwa saya akhirnya bisa memotong rambut saya. Rasanya menyenangkan mengetahui bahwa saya akan terlihat rapi untuk **makan malam** Natal. Saya tidak lagi harus khawatir tentang keluarga saya yang menggoda saya tentang penampilan saya yang "berantakan". Setelah beberapa menit, penata rambut selesai memangkas rambut saya dan mengeringkan rambut saya dengan cepat. Saya melihat ke cermin dan senang dengan apa yang saya lihat-penampilan bersih yang akan sempurna untuk makan malam Natal. Sekarang, setelah potongan rambut saya selesai, saya bisa fokus menikmati liburan bersama keluarga saya. Dan saya bahkan lebih bersyukur untuk itu.

Rasanya sangat **membebaskan**, dan saya menyukai tampilan potongan rambut baru saya. Setelah saya membayar untuk potongan rambut saya, saya pulang ke rumah dan mulai berkemas untuk perjalanan saya. Saya **tidak** sabar untuk memamerkan penampilan baru saya kepada keluarga dan teman-teman saya. Saya tahu mereka akan terkejut ketika melihat saya. Pada hari penerbangan, saya tiba di bandara dengan banyak waktu luang.

revenir plus souvent. À partir de maintenant, je prendrai soin de moi d'abord et avant tout. Elle s'est mise au travail en coupant mes cheveux. J'ai pensé à combien j'étais reconnaissante d'avoir enfin pris le temps de me faire couper les cheveux. Je me sentais bien de savoir que j'allais être présentable pour le **repas de** Noël. Je n'aurais plus à m'inquiéter des taquineries de ma famille sur mon apparence "débraillée". Après quelques minutes, le coiffeur a fini de me couper les cheveux et m'a fait un rapide brushing. Je me suis regardé dans le miroir et j'étais heureux de ce que je voyais - un look propre qui serait parfait pour le dîner de Noël. Maintenant que ma coupe de cheveux était terminée, je pouvais me concentrer sur les vacances avec ma famille. Et j'en étais encore plus reconnaissante.

Je me suis sentie tellement **libérée** et j'ai adoré le look de ma nouvelle coupe de cheveux. Après avoir payé ma coupe, je suis rentrée chez moi et j'ai commencé à faire mes bagages pour mon voyage. J'**avais hâte** de montrer mon nouveau look à ma famille et à mes amis. Je savais qu'ils seraient surpris en me voyant. Le jour de mon vol, je suis arrivée à l'aéroport avec beaucoup de temps devant moi.

# Pertanyaan Pemahaman

1. Apa yang perlu dilakukan oleh sang tokoh utama sebelum Natal?

2. Bagaimana perasaan sang tokoh utama tentang mengurus dirinya sendiri?

3. Siapa yang memangkas rambut sang protagonis?

4. Mengapa keluarga protagonis akan menggodanya?

5. Bagaimana perasaan sang tokoh utama setelah memotong rambutnya?

6. Apa yang dilakukan sang tokoh utama setelah memotong rambutnya?

7. Apa reaksi keluarga protagonis terhadap potongan rambutnya?

8. Apa yang dilakukan sang tokoh utama pada malam Natal?

9. Apa yang membuat pengalaman sang tokoh utama lebih istimewa?

# Questions de compréhension

1. Que devait faire le protagoniste avant Noël ?

2. Que pense la protagoniste du fait de prendre soin d'elle ?

3. Qui a taillé les cheveux du protagoniste ?

4. Pourquoi la famille de la protagoniste allait-elle se moquer d'elle ?

5. Qu'a ressenti la protagoniste après s'être fait couper les cheveux ?

6. Qu'a fait la protagoniste après s'être fait couper les cheveux ?

7. Quelle a été la réaction de la famille de la protagoniste à sa coupe de cheveux ?

8. Qu'a fait le protagoniste la veille de Noël ?

9. Qu'est-ce qui a rendu l'expérience du protagoniste plus spéciale ?

# Taman

Matahari terbenam, dan taman itu kosong. Saya duduk di bangku, menunggu **teman** saya. Kami telah merencanakan untuk bertemu di sini satu jam yang lalu, tetapi dia selalu terlambat. Saat saya hendak menyerah dan pulang, saya melihat dia berlari ke arah saya. "Saya sangat menyesal," dia terengah-engah saat mencapai bangku. "Kereta saya **tertunda**." "Tidak apa-apa," kataku **memaafkan**. "Saya baru saja sampai di sini."
Kami duduk dan mengobrol sejenak, saling mengobrol tentang kehidupan masing-masing sejak terakhir kali kami bertemu. Percakapan mengalir **dengan mudah**, dan rasanya seperti tidak ada waktu yang berlalu sama sekali sejak terakhir kali kami bertemu. Saat matahari terbenam, kami mengucapkan selamat tinggal dan berpisah. Kali berikutnya kami bertemu, di taman yang berbeda. Sekali lagi, dia terlambat, tetapi saya tidak keberatan. Senang rasanya memiliki seseorang untuk diajak bicara yang **mengerti** saya. Kami berbicara tentang impian dan **aspirasi** kami, hal-hal yang ingin kami lakukan dalam hidup kami. Dia bercerita tentang rencananya untuk berkeliling dunia, dan saya berbagi impian saya untuk menjadi seorang penulis. Saat matahari terbenam di hari yang lain, kami mengucapkan selamat tinggal sekali lagi, berjanji untuk

# Le parc

Le soleil se couchait, et le parc était vide. Je me suis assise sur un banc, attendant mon **amie**. Nous avions prévu de nous retrouver ici il y a une heure, mais elle était toujours en retard. Au moment où j'allais abandonner et rentrer chez moi, je l'ai vue courir vers moi. "Je suis vraiment désolée", a-t-elle haleté en atteignant le banc. "Mon train a été **retardé**." "C'est bon", ai-je dit **avec indulgence**. "Je viens juste d'arriver." Nous nous sommes assis et avons bavardé pendant un certain temps, prenant des nouvelles de la vie de chacun depuis notre dernière rencontre. La conversation était fluide **et nous avions** l'impression que le temps n'avait pas passé depuis notre dernière rencontre. Au coucher du soleil, nous nous sommes dit au revoir et avons pris des chemins différents. La fois suivante, c'était dans un autre parc. Encore une fois, elle était en retard, mais ça ne m'a pas dérangé. C'était agréable d'avoir quelqu'un à qui parler et qui me **comprenait**. Nous avons parlé de nos rêves et de nos **aspirations**, des choses que nous voulions faire de nos vies. Elle m'a parlé de son projet de voyager dans le monde entier, et j'ai partagé mon rêve de devenir écrivain. Alors que le soleil se couchait sur un autre jour, nous nous sommes dit au revoir une fois de plus, en promettant de rester en contact cette fois-ci.

tetap berhubungan kali ini.

Tahun-tahun berlalu, dan **persahabatan** kami tetap kuat, meskipun kami tinggal di bagian negara yang berbeda sekarang. Kami tetap berhubungan melalui surat dan sesekali menelepon, saling berbagi berita tentang kehidupan kami. Ketika dia mengumumkan bahwa dia akan menikah, saya tidak **terkejut** - dia selalu menjadi tipe **petualang.** Tetapi ketika dia bertanya kepada saya, apakah saya akan menjadi pendamping pengantin wanita pada upacara pernikahannya yang berlangsung di belahan dunia lain dari tempat tinggal saya...itu butuh beberapa hal yang meyakinkan! Namun pada akhirnya saya tidak bisa membiarkan sahabat saya menikah tanpa saya di sisinya, jadi terlepas dari ketakutan saya (dan setelah banyak memohon darinya!)Saya **setuju** untuk ikut serta untuk apa yang ternyata menjadi **petualangan** seumur hidup.

Hari **pernikahan** akhirnya tiba. Saya gugup, tetapi bersemangat untuk menjadi bagian dari momen penting dalam kehidupan teman saya. Upacaranya sangat indah, dan dia tampak bahagia saat mengucapkan sumpahnya. **Setelah itu,** kami merayakannya dengan pesta besar - sepertinya semua orang yang dia kenal datang untuk merayakannya!

Les années ont passé, et notre **amitié** est restée forte, même si nous vivions désormais dans des régions différentes du pays. Nous sommes restés en contact par des lettres et des appels téléphoniques occasionnels, partageant les nouvelles de nos vies respectives. Lorsqu'elle a annoncé qu'elle allait se marier, je n'ai pas été **surpris** - elle avait toujours été du genre **aventureux**. Mais lorsqu'elle m'a demandé si j'accepterais d'être sa demoiselle d'honneur à la cérémonie de son mariage qui se déroulait à l'autre bout du monde, loin de chez moi... il a fallu la convaincre ! En fin de compte, je ne pouvais pas laisser ma meilleure amie se marier sans moi à ses côtés, alors malgré mes craintes (et après qu'elle m'ait beaucoup suppliée !), j'ai **accepté de participer à** ce qui s'est avéré être l'**aventure** de ma vie.

Le jour du **mariage** est enfin arrivé. J'étais nerveux, mais excité de faire partie d'un moment si important dans la vie de mon amie. La cérémonie était magnifique, et elle avait l'air heureuse en prononçant ses vœux. **Ensuite,** nous avons fait une grande fête - on aurait dit que tous ses proches étaient venus célébrer avec elle !

# Pertanyaan Pemahaman

1. Di mana penulis dan temannya pertama kali bertemu?

2. Mengapa teman penulis terlambat datang ke pertemuan mereka?

3. Apa yang dibicarakan oleh kedua sahabat itu ketika mereka bertemu lagi bertahun-tahun kemudian?

4. Bagaimana perasaan penulis saat menghadiri upacara pernikahan temannya?

5. Jelaskan latar upacara pernikahan.

6. Bagaimana persahabatan di antara kedua wanita ini berubah dari waktu ke waktu?

7. Apakah impian sang penulis?

8. Ke mana teman penulis berencana untuk bepergian?

9. Mengapa penulis ragu-ragu untuk menghadiri upacara pernikahan temannya?

# Questions de compréhension

1. Où l'auteur et son ami se sont-ils rencontrés pour la première fois ?

2. Pourquoi l'ami de l'auteur était-il en retard à leur réunion ?

3. De quoi les amis ont-ils parlé lorsqu'ils se sont retrouvés des années plus tard ?

4. Qu'a ressenti l'auteur en assistant à la cérémonie de mariage de son amie ?

5. Décrivez le cadre de la cérémonie de mariage.

6. Comment l'amitié entre les deux femmes a-t-elle évolué au fil du temps ?

7. Quel est le rêve de l'auteur ?

8. Où l'ami de l'auteur prévoit-il de voyager ?

9. Pourquoi l'auteur a-t-elle hésité à assister à la cérémonie de mariage de son amie ?